Wilhelm Schmid

# SEXOUT

## Und die Kunst,
## neu anzufangen

Insel Verlag

2. Auflage 2015

Erste Auflage 2015
© Insel Verlag Berlin 2015
Druck: CPI – Ebner & Spiegel, Ulm
Printed in Germany
ISBN 978-3-458-17646-6

# Inhaltsverzeichnis

Gregory Crewdson, *Untitled*, Sommer 2006, Foto

# Vorwort

Ja, es gibt wichtigere Probleme. Aber nicht für die Betroffenen. Und wie sollen wichtigere Probleme gelöst werden, wenn schon bei den weniger wichtigen die Kreativität versiegt? Daher dieses Buch: Um sich wieder anderen Dingen zuwenden zu können und nicht in der Ratlosigkeit und Verzweiflung zu versinken, in die ein Aussetzen von Sex, ein *Sexout*, den zumindest einer nicht will, Männer wie Frauen stürzen kann. Fast alle außer Frischverliebte kann es treffen. In zahlreichen Gesprächen mit Menschen, die ihre Sorgen und Nöte einem Philosophen anvertrauen wollten, der Bücher über die Liebe schrieb[*], kam die Rede auf diese Situation zwischen zweien, die an Antarktis denken lässt: Endlose weiße Wüste, eisige Kälte und schließlich ein Sturm, der die ganze Welt mit stechenden Partikeln erfüllt, *Whiteout*. Von wegen *Fifty Shades of Grey*, nichts geht mehr, im Sexout erfriert die Beziehung. Zwar ist in der langen Geschichte der Beziehungen zwischen den Geschlechtern (mit all ihren Variationen) sexuelles Elend sicherlich nichts Neues. Aber ist der Eindruck gänzlich falsch, dass es sich just in Zeiten der sexuellen Befreiung häuft? Kann eine sexbesessene Zeit zugleich eine Zeit wachsender Lustlosigkeit und Asexualität sein?

Anders als die moderne Lustkultur glauben

---

[*] Wilhelm Schmid, *Liebe – Warum sie so schwierig ist und wie sie dennoch gelingt*, Insel Verlag, Berlin 2011. Und: *Die Liebe atmen lassen. Von der Lebenskunst im Umgang mit Anderen*, Suhrkamp Taschenbuch, Berlin 2013. Erstpublikation unter dem Titel: *Die Liebe neu erfinden*, Suhrkamp Verlag, Berlin 2010.

macht, kann die vergötterte Lust nicht wirklich wie Gott sein, allmächtig, omnipräsent, immer und überall ansprechbar. Gerade diejenigen, die an das Lustprinzip glauben, haben umso mehr mit der Unlust zu kämpfen, die doch gar nicht vorkommen darf. Das wirkt sich auf die Beziehungszufriedenheit aus, die, wie Befragungen von Paaren zeigen, oft mit sexueller Zufriedenheit zu tun hat. Viele Frauen und noch mehr Männer verneinen die Frage, ob sie den Sex bekommen, den sie sich wünschen.

Es ist wie mit dem Glück: Dass so viele danach suchen, heißt ja nicht, dass so viele in seinem Besitz sind. Wer es aber sein sollte, kann dennoch das Unglücklichsein nicht dauerhaft ausschalten. Ebenso suchen nicht diejenigen nach Sex, die schon davon satt sind. Wer es aber sein sollte, ist damit nicht ewig gegen Hunger gefeit. Unerfreulich ist erst recht, dass ausgerechnet das Abwesende in Gefühlen und Gedanken immer anwesend ist! Dabei könnte es so einfach sein, wenn vorzugsweise diejenigen sich fänden, die in ähnlichem Maße bedürftig sind. Aber gerade die werden eher selten zu Paaren. Und wenn doch, driften ihre Bedürfnisse nach anfänglicher Übereinstimmung auseinander. Warum ist das so? Warum kommt es so häufig vor? Fordert die *Polarität* ihr Recht ein, die sich in alle Belange des Lebens einmischt? Dieses ewig gleiche Spiel, ist es nicht zum Gähnen?

Individuelle Erfahrungen werden häufig von kulturellen Konjunkturen beeinflusst, ohne dass dies immer jedem bewusst wäre. Nach einer Jahrhunderte währenden Abwertung des Sexuellen hatte eine hysterische Überbewertung Konjunktur, auf die nun eine Zeit der Erschöpfung folgt, die eigentlich nicht überraschend kommt, denn das ist die Konsequenz jeder Verausgabung: Euphorie wird von Ernüchterung abgelöst. Dass der Sex aussetzt und Pause macht, fällt umso mehr auf, je präsenter er zuvor war. Sexout kam wohl zu allen Zeiten vor, aber nicht immer in epidemischen Ausmaßen. Die Häufung der Auszeiten, sei es momentan (*Timeout*), für längere Zeit (*Logout*) oder langfristig (*Checkout*), könnte das Resultat einer übersexualisierten Zeit, eines *Sex-Overkill* sein: Es hat sich *ausgesext*, der Sex ist ausgebrannt. *Sex sells?* Aber was sich abzeichnet, ist ein *Sellout*,

Resteverkauf, alles muss raus! Für Menschen, die ihr Leben ökonomisch betrachten und in der Liebe ein Investment sehen, im Liebesleben die Aktivierung von sexuellem Kapital, sollte das gut erklärbar sein: Auf die Hochkonjunktur von Sex folgt nun eben ein Konjunktureinbruch. Auch bei Börsenkursen geht es nie nur aufwärts, nach Bullenmarktzeiten *baisst* der Bär, wie das in der Börsensprache heißt, die das Auf und Ab des Lebens auf ihre Weise zu beschreiben sucht. Warum sollte diese schwungvolle Bewegung ausgerechnet beim Sex außer Kraft gesetzt sein?

Freilich hilft die Einordnung in einen größeren Zeitrahmen den Betroffenen nur bedingt weiter: Auch wenn sie ihre Situation besser verstehen, muss sie dennoch von ihnen selbst bewältigt werden. Dazu ist es nötig, gangbare Wege zu finden, beispielsweise die unaufgeregte Integration des Sexout in die Lebenswirklichkeit, damit auch aus dieser Erschöpfung noch Erfüllung werden kann. Aber der Weg dahin ist weit, erst einmal machen sexuelle Auszeiten oder Zurückweisungen den Betroffenen zu schaffen, sie reagieren unterschiedlich darauf: Viele Männer (nicht alle) erleben den Sexout als *Knockout*, er trifft sie im Kern ihrer Männlichkeit. Sie leiden stumm und reden ungern darüber. Dass sie bei Freunden auf Verständnis hoffen dürfen, löst ihr eigentliches Problem nicht: Zu wenig Sex.

Viele Frauen (nicht alle) zweifeln mehr noch als Männer an ihrer Attraktivität, aber es entlastet sie, mit Freundinnen darüber zu sprechen. Ihre sozialen Netze fangen vieles auf und mindern die Einsamkeit, in der alle Probleme schwerer wiegen. Die Folgen von Beziehungsproblemen halten sich auf diese Weise in Grenzen, wie eine über zehn Jahre laufende dänische Studie ergab, während sie bei Männern, statistisch gesehen, sogar die Sterblichkeitsrate verdoppeln.

Frauen wie Männer können unglücklich und geradezu verbittert über einen Sexout sein, aber die Bitterkeit trifft in erster Linie das *Ich*, dann erst den Anderen, der ihn oder sie nach subjektiver Überzeugung hat bitter werden lassen. Wozu sich die Verbitterung antun? Im besseren Fall macht die Situation nachdenklich. *Nachdenklichkeit* ist die Voraussetzung der bewussten Lebensführung, der Lebenskunst, um wieder ein schönes Leben führen zu können. Sie hilft über Bitterkeit, Wut und Verzweiflung hinweg. Das ist der Weg der Philosophie: Innezuhalten und nachzudenken, mit *Münchhausen-Effekt*, denn so wird es möglich, sich am eigenen Schopf aus dem Sumpf einer aussichtslos erscheinenden Situation zu ziehen. Dazu dienen Fragen, die sich bei einem Sexout von selbst aufdrängen: Was geschieht jetzt und wie ist es dazu gekommen? Was ist nun noch möglich und wie lässt es sich verwirklichen?

Aber ist die Philosophie nicht die *asexuelle* Disziplin schlechthin? Hatte sie je etwas zum Sex zu sagen? Überraschenderweise war die Beschäftigung mit Sexfragen eine Angelegenheit der Philosophie von ihren Anfängen an: Das große Nachdenken ist daraus erst hervorgegangen. Den ersten Sexout der Philosophiegeschichte erlebte Sokrates, dessen Ehefrau Xanthippe offenkundig nichts mehr von ihm wissen wollte. Es ist nicht überliefert, was Sokrates selbst zu dieser Situation beitrug, an der immer zwei, mindestens zwei, beteiligt sind. Überliefert ist jedoch, dass er daraufhin das Gespräch mit Aspasia suchte, die sich, wie es scheint, in derlei Dingen auskannte,

vielleicht weil sie selbst gelegentlich eine Zurückweisung zu bewältigen hatte. In Platons Dialog
*Menexenos* rühmt Sokrates sie als seine Lehre-
rin, die ihm dazu riet, sich ganz aufs Denken zu
verlegen und aus körperlichen Gelüsten *geistige*
zu machen, sie also zu »sublimieren« (Barbara
Ehlers, *Eine vorplatonische Deutung des sokra-
tischen Eros*, 1966). Er hielt sich daran. Der Rest
ist Philosophiegeschichte.

Die Situation, die nachdenklich macht, hat der
amerikanische Maler Edward Hopper 1959 in
einem Bild dargestellt, das er *Exkursion in die
Philosophie* nannte. Zuvor weckte sie bereits
Picassos Interesse und zuletzt wurde ein Sujet
der modernen Kunstgeschichte daraus, vielfach
variiert, die Abbildungen im vorliegenden Buch
geben einen Eindruck davon. Bei Hopper sitzt ein
Mann im blütenweißen Hemd, Hemdkragen ge-
öffnet, Hose gebügelt, am Bettrand. Die halb ent-
blößte Frau hinter ihm hat sich weggedreht. Was
sich zwischen ihm und ihr abgespielt hat, ob sich
überhaupt etwas abgespielt hat, ist unklar. Klar
ist nur, dass das Buch, das er aufgeschlagen weg-
gelegt hat, eines von Platon ist: Hoppers Frau, die

für viele seiner Bilder Modell stand, saß oder lag, erinnerte sich daran. Platon erzählte in seinem Buch *Symposion* von einem »Trinkgelage«, das mit Reden über die Spielarten der Liebe garniert war. In einer dieser Reden berichtete Sokrates von Aspasia, die er nun Diotima nannte: Sie habe ihn zum Nachdenken ermuntert. Auf diesen Weg begibt sich auch der Mann in Hoppers Bild, eine Falte zerteilt messerscharf seine Stirn. Etwas beschäftigt ihn. Und was ist mit ihr?

In einem anderen Bild stellt Hopper zehn Jahre früher die Situation mit vertauschten Rollen dar. Handelt es sich um austauschbare Positionen in einer Grundsituation zwischen zweien, die sich in moderner Zeit noch radikalisiert und universalisiert hat? Der große Traum von Bindung und Geborgenheit führt zwei Menschen zusammen, bevor jeder für sich wieder Ansprüche auf Freiheit und Selbstbestimmung geltend macht. Aber wie können zwei zueinanderfinden, wenn jeder größten Wert auf die Erfüllung eigener Bedürfnisse legt? Das Bett wird zum Schauplatz des Aufeinandertreffens der divergierenden Interessen. Innehalten und Nachdenken ist immer eine Lösung, zumindest ein wichtiger Schritt auf dem Weg dazu, auch bei wichtigeren Problemen der Menschheit. Wenn die Besinnung und Neuorientierung in einer misslichen Situation zur vertrauten Übung wird, kann sie auch in anderen Zusammenhängen zum Einsatz kommen.

In diesem Buch geht es erst einmal um Vorschläge zum Umgang mit einem Sexout, mit zehn *möglichen* Antworten auf die eine Frage, was sich aus der Situation, in der zwei sich verrannt haben, noch machen lässt. Der oder die Einzelne selbst entscheidet, welche dieser Optionen zu ihm oder ihr passt. Zugleich handelt es sich um eine etwas andere Einführung in die Philosophie, um zu zeigen, wie nützlich das Nachdenken doch sein kann. Wobei die beste Antwort manchmal eine weitere Frage ist.

Edward Hopper, *Excursion into Philosophy*,
1959, Öl auf Leinwand

# 1. Gleichheit der Geschlechter?

Das Nachdenken erschließt Möglichkeiten, mit
denen sich eine Wirklichkeit verändern lässt. Eine
erste Möglichkeit der Kunst, neu anzufangen, besteht darin, das Denken von Ideen freizuräumen,
die sich in der Praxis nicht bewähren. Eine solche
Idee könnte die von der Gleichheit der Geschlechter sein. Die kann nicht strittig sein, soweit es um
gleiche Würde, Rechte, Chancen und um soziale

Gleichstellung geht. Aber sollen etwa auch unterschiedliche Eigenschaften verschwinden? Das wäre der alte Traum von der androgynen (männlich-weiblichen) Ununterscheidbarkeit, von der der Komödiendichter Aristophanes in Platons *Symposion* schwärmt; zu allen Zeiten zeigten sich Menschen davon fasziniert. Der Traum von zweien, eins zu sein, wurde demnach in einer mystischen Frühzeit der Menschheit von Kugelwesen verwirklicht, die rundum eine Einheit bildeten. Sie wähnten sich so vollkommen, dass sie den Himmel stürmten, um selbst zu Göttern zu werden. Die fühlten sich bedroht und riefen Zeus zu Hilfe, der die kugelrunden Angreifer in der Mitte entzweischnitt, sodass sie fortan als halbierte Einzelne existieren mussten, immer auf der Suche nach ihrer anderen Hälfte. Ein großes Jammern und Wehklagen hob an, bis Zeus ihnen aus Mitleid die Geschlechtsteile so arrangierte, dass sie zeitweilig ihre Einheit wiederfinden und feiern konnten, zwischendurch aber ihren alltäglichen Geschäften nachgehen und sich um das »übrige Leben« sorgen sollten.

Die Sehnsucht danach, wieder zu Kugelwesen zu

werden, scheint unstillbar zu sein. Es wäre die Auflösung aller Unterschiede, die Wiederherstellung des Ur-Einen ohne Differenz der Geschlechter. Der Traum von wiedergewonnener Androgynität wurde auch im Christentum geträumt, ein Zurück zu *Evadam* oder *Adameva*, bevor daraus Adam und Eva wurden: Im Zeichen von Christus sollte es möglich werden, »nicht mehr männlich noch weiblich«, nur noch eins zu sein (Paulus, *Brief an die Galater*, 3,28).

Auch in modernen Zeiten setzte der Traum von der Einschmelzung aller Unterschiede sehr viel Phantasie und Kreativität frei, wenngleich jedes Mal mit diesem Resultat: Neue Unterschiede brachen auf, in welcher Form auch immer, nicht selten in alter Form, in allen Bereichen. Im 20. Jahrhundert sollte der Sowjetmensch sämtliche sozialen und ethnischen Unterschiede einebnen, aber sie explodierten erneut. Im ausgehenden 20. Jahrhundert sollten mit dem »Ende der Geschichte« alle politischen Unterschiede der Vergangenheit angehören, erinnert sich noch jemand daran? Das Ideal der Gleichheit wird stets von realer Ungleichheit konterkariert, schon aufgrund des Strebens nach Individualität. Keine Frage, dass es weiterhin sinnvoll ist zu träumen, um den Horizont des menschlichen Seins offenzuhalten. Aber nicht alle Träume werden wahr.

Was die Geschlechter angeht, haben einige Unterschiede *natürliche* Gründe. Von Natur aus ist ihre Ausstattung sichtlich nicht dieselbe: Testosteron ist wohl eher keine Erfindung männerdominierter Pharmafirmen, der Penis ist kein Irrtum, der weibliche Zyklus ist kein Missverständnis, Brüste und Uterus sind keine peripheren Beigaben. Was Menschen körperlich an sich vorfinden, beeinflusst vermutlich ihre Denk-, Fühl- und Verhaltensweisen und schlägt sich in ihrem Leben und Zusammenleben nieder, ohne beliebig veränderbar zu sein. Selbstverständlich kann auch das noch angezweifelt werden: Vieles ist schon für Natur gehalten worden und war doch nur Interesse, wie es sein sollte. Selbst wissenschaftliche Resultate stehen nie endgültig fest, niemand kann feste Burgen darauf bauen, um sich für immer darin zu verschanzen. Aber ist das Leben spannender, wenn alle Unterschiede verschwinden und Menschen nur noch Abbildern ihrer selbst in unwesentlichen

Abwandlungen begegnen? Ist es nicht *Diversity*, Verschiedenheit, die das Leben reich macht?

Dazu tragen auch Unterschiede und Ungleichheiten aus *kulturellen* Gründen bei, die selbst bei einer Geschlechtsgleichheit von Paaren zum Vorschein kommen. Kulturelle Rollenmuster haben nur zum Teil mit natürlichen Anlagen zu tun, zum anderen Teil mit Deutungen und Erwartungen. Solche Zuschreibungen wird es weiterhin geben, wie auch immer sie ausfallen mögen. Dass im 21. Jahrhundert viele von diesem Prozess nichts mehr wissen wollen, ist die beste Voraussetzung dafür, ihn von Neuem kennenzulernen: Alte Unterschiede gehen unter, neue tauchen auf. Die Ablehnung überkommener Deutungen und Erwartungen ist verständlich, denn sie mussten lange dafür herhalten, eine hierarchische Ordnung der Geschlechter zu begründen. Aber das Nebeneinander von Unterschieden legitimiert kein Über- und Untereinander von Geltungen.

Und die kulturellen Muster des Denkens, Fühlens und Verhaltens sind *individuell* veränderbar, auch wenn sie das Ergebnis einer vielhundertjährigen Geschichte der Geschlechter sind. Kulturell geprägt, individuell veränderbar ist sogar der *Stil* des Lebens mit natürlichen Anlagen. Die Basis der Veränderbarkeit ist die »Neuroplastizität«, die dafür sorgt, dass neue Neuronen und Synapsen im Gehirn entstehen können, wenn etwas Anderes erlernt und eingeübt wird. Es dauert lediglich eine Weile, in diesem Fall wohl Jahre. Auch Jahrzehnte und Jahrhunderte?

Als Speerspitze gegen die Anerkennung von Unterschieden jedweder Art dient der Begriff *Gender* in seiner *harten* Form. Er zielt darauf, in Geschlechtern keine Konstruktion von Natur *und* Kultur, sondern durchweg eine »soziale Konstruktion« ohne jede Daseinsberechtigung zu sehen. Der Gender-Begriff in seiner *weichen* Form steht demgegenüber für die Bereitschaft, Unterschiede anzuerkennen, ihnen gerecht zu werden und zu einem pragmatischen Umgang mit den daraus resultierenden Ungleichheiten und unterschiedlichen Bedürfnissen zu finden. Gegen Unterschiede anzukämpfen, erschwert den Umgang mit ihnen. Hilfreicher ist, darauf gefasst zu sein, dass einige von ihnen sich als beharrlich erweisen und nicht schon bald verschwinden werden. Außerdem ist es eine Frage der Gleichheit, auf gleiche Weise auch Ungleichheiten und Unterschieden Rechnung zu tragen, beispielsweise unterschiedlichen körperlichen Gegebenheiten, wie sie bei Fragen von Gesundheit und Krankheit relevant sind. Eine spezialisierte Frauen- und Männermedizin antwortet darauf und setzt sich über Vorwürfe hinweg, dass schon die Erforschung von Unterschieden »sexistisch« sei. Eine *Gendermedizin* kümmert sich um geschlechtsspezifische Behandlungen, da Krankheitssymptome und Reaktionen auf Medikamente bei Frauen und Männern sehr unterschiedlich ausfallen können.

Muss es unterschiedliche Geschlechter geben? Dass sie im Laufe der Evolution entstanden sind, dürfte der Entfaltung des Lebens Vorteile geboten haben. Vermutlich agiert die Evolution absichtslos und experimentiert mit allem und jedem, hakt jedoch dort ein, wo mehr Leben möglich ist. Alles in ihr kann ohne Grund entstehen, nichts aber ohne Grund bestehen. Mit mehr Leben war wohl auch die experimentelle Entwicklung von mehr als einem Geschlecht verbunden: Auf unterschiedliche Herausforderungen können Geschlechter mit unterschiedlichen Eigenschaften antworten, mal mit Aggression, dann mit Kommunikation, mal mit Zielgerichtetheit, dann mit Umsichtigkeit, mal mit Gefühlskontrolle, dann mit Einfühlung, ohne dass endgültig definiert werden müsste, welches Geschlecht wofür steht. Aber aus den Unterschieden ergeben sich auch Probleme: Wann ist welche Antwort die richtige? Was ist, wenn der/die Eine dies, der/die Andere das Gegenteil für richtig hält?

Diese Fragen stellen sich auch beim Umgang mit sexuellen Bedürfnissen, die oft so ungleich zwischen zweien verteilt sind. Beim Sex ist nicht alles gleich, sei es aus kulturellen oder natürlichen Gründen, individuelle Vorlieben und Abneigungen kommen noch hinzu, gleiche Rechte ändern daran nichts: Selbst wenn es gleiche Rechte auf Sex oder auf Ruhe davor gäbe – bei wem wären sie einzuklagen? Mit welchen Mitteln? »Mein Freund will immer Sex«, seufzt die junge Frau im Paargespräch. »Meine Partnerin ist so völlig inaktiv«, beklagt sich der junge Mann. Ein Thema, zwei Wahrnehmungen. Wie können die beiden nun noch zusammenkommen? Was müsste sich dafür ändern? Wer wäre zu welcher Änderung bereit? Wer kommt wem entgegen? Wer will das überhaupt? Wie soll es weitergehen?

Für Sex interessieren sich viele Menschen, aber nicht viele auf dieselbe Weise. Dafür sorgen die kulturellen und natürlichen Unterschiede, die individuell noch dazu ganz anders ausfallen können. Wie Umfragen stets aufs Neue zeigen, denken Männer häufiger an Sex als Frauen (und bei einer geringeren Zahl verhält es sich exakt andersherum). Aber was folgt daraus? Muss es akzeptiert werden? Von wem? Warum? Und wie? Könnte *er* sich darin üben, seltener an Sex zu denken, seltener auch sein Denken mit einem Wollen zu verknüpfen, um so seine sexuellen Bedürfnisse einzudämmen? Könnte *sie* versuchen, häufiger an Sex zu denken, häufiger auch ihr Denken mit einem entsprechenden Wollen zu verknüpfen, um möglichst häufig zum Sex bereit zu sein? Oder ist es sinnlos, einander Dinge abzuverlangen, für die weder der/die Eine noch der/die Andere gemacht ist? Und wie gelingt es unter diesen Umständen, dennoch zusammenzufinden? Oder ist es besser, sich voneinander fernzuhalten?

Vielleicht helfen radikale Lösungen weiter: Manche Frauen träumen von einer Welt ohne Männer, um endlich ein unbeschwertes Leben führen zu können. Eine Folge könnten aber schwere Auseinandersetzungen zwischen ihnen sein, wer mit den *Restmännern* noch Sex wie zu Omas Zeiten haben dürfte. Manche Männer wiederum ängstigen sich vor Frauen, die Männer für überflüssig halten. Aber die Angst ist übertrieben, zumindest als *Spermaspender* werden Männer immer gebraucht, die Gefahr ihres Aussterbens ist gebannt, wie sonst sollte sich das weibliche Geschlecht reproduzieren? Mit neuen und neuesten Fortpflanzungstechnologien? Der Spaß daran könnte sich in Grenzen halten.

Eine Wohltat ist, dass viele Frauen ohnehin darauf verzichten, die männlichen Nöte als belanglos abzutun, sie üben sich lieber in mitfühlender Solidarität. Und viele Männer tun alles für die Frauen, ohne die ihnen das Leben wertlos erscheint. Sollte es einen Geschlechterkampf geben, ist er nie nur ein *zwischen*geschlechtlicher, immer auch ein *inner*geschlechtlicher: Was ist männlich und wer wird zum Verräter an der Sache der Männer? Was ist weiblich und wer wird zur Verräterin an der Sache der Frauen? Ganz so, wie Frauen im Prozess der Emanzipation Unterstützung von Männern erfahren haben, die dafür von anderen Männern angefeindet wurden, dürfen die Protagonisten einer männlichen Erneuerung auf das Wohlwollen von Frauen hoffen, gegen die andere Frauen Sturm laufen.

Und jetzt, einfach miteinander reden? Das ist in der fraglichen Situation dennoch schwierig. *Er* fühlt sich in seinem Stolz getroffen. *Sie* kann sich nicht wirklich vorstellen, dass Sex so wichtig für ihn ist, und fragt arglos: »Was ist los?« Seine Antwort ist eine patzige Gegenfrage, mit der er üblicherweise den Sexout umschreibt: »Was soll schon los sein?!« Er kann nicht zugeben, dass es ihm nur um das Eine geht, denn das hieße, einem simplen männlichen Muster zu entsprechen und, mehr noch, sich in Abhängigkeit von ihr zu begeben, ausgeschlossen, »das interessiert mich überhaupt nicht«. Bald schon dringt sie nicht weiter in ihn, er aus anderen Gründen auch nicht in sie, und so passt schließlich nichts mehr zusammen, die Eskalationsspirale beginnt sich zu drehen:

Alles, was er macht, ist falsch. Alles was sie sagt, ist idiotisch. Beide ziehen sich auf ihre Alltagsgeschäfte zurück, ausgiebige Gespräche sind guten Freunden vorbehalten. Zuletzt sitzen sie in ihren Schützengräben fest und werfen in blinder Wut Handgranaten in Form von bösen Worten ins feindliche Feld.

Dann ist kein Neuanfang mehr möglich, jedenfalls nicht in dieser Beziehung. Wie lässt es sich vermeiden, in eine solche Situation zu geraten? Neue Formen von Liebesschwüren könnten zur rechten Zeit dazu beitragen, dass das Verstummen seltener wird und der, der verstummt, bald wieder zur Sprache findet: »Ich verspreche, auch dann mit dir zu reden, wenn Schweigen einfacher wäre!« Vor allem aber käme es darauf an, die natürlichen, kulturellen und individuellen Faktoren, die zwischen zweien im Spiel sein können, gut zu kennen, um den jeweils Anderen besser zu verstehen und die Verständigung mit ihm zu suchen. Vorausgesetzt, es gibt noch ein Restinteresse daran. Und wer macht den Anfang? Im Zweifelsfall immer das Ich. Denn nur über sich, nicht über den Anderen, kann es jederzeit verfügen.

Edward Hopper, *Summer in the City*,
1949, Öl auf Leinwand

## 2. Den Anderen verstehen wollen

Eine zweite Möglichkeit der Kunst, neu anzufangen, sieht vor, sich in der Kunst des Deutens
und Verstehens, der *Hermeneutik*, zu üben. Viele
Frauen tun dies sowieso, auch ohne besonderen
Anlass: Das ganze Leben hindurch arbeiten sie
daran, ihr hermeneutisches Potenzial zu erwei-
tern, daher ihr auffällig großes Interesse an kulturellen Veranstaltungen aller Art, die Stoff für

Hermeneutik bieten, und an Büchern, in denen das Leben immer neu gedeutet wird und andere Sichtweisen auf die Welt beschrieben werden. Der Lohn der Arbeit ist die Verfeinerung des Vermögens, Phänomene in der Umgebung und an sich selbst wahrzunehmen, zu deuten und zu interpretieren, um Situationen und Dinge, Andere und sich besser zu verstehen. Welche Zeichen deuten worauf hin? Wie sind sie gemeint? Könnte alles auch ganz anders zu verstehen sein? Insbesondere in verfahrenen Situationen machen unkonventionelle Deutungen immer noch etwas Anderes vorstellbar, ein Weg lässt sich finden.

Das Deuten und Verstehenwollen markiert einen großen Unterschied zwischen den Geschlechtern, aber es ist nicht durchweg naturgegeben, zumindest partiell kann es erlernt werden. Viele Männer haben hier ein weites Feld der Erkundung vor sich: Eine Bewegung der männlichen Erneuerung könnte sich an einer Erweiterung der hermeneutischen Fähigkeiten versuchen. Können Männer das? Sie können alles, wenn sie wollen. Sie sollten lediglich darauf verzichten, ihre jeweiligen Deutungen mit dem zweifelsfreien Erfassen von

Wirklichkeit gleichzusetzen. Ihr Ehrgeiz könnte sich stattdessen auf die Vielzahl möglicher Deutungen richten: Jede halbwegs plausible Deutung erfasst einen Aspekt von Wirklichkeit, je mehr Deutungen also, desto vollständiger fällt das Bild der Wirklichkeit aus, die es zu verstehen gilt. Wenn es aber darum geht, den Anderen zu verstehen, käme es darauf an, außer verbalen auch die nonverbalen Zeichen entschlüsseln zu können, umgekehrt wiederum dem Anderen bei seinem Bemühen um Verständnis behilflich zu sein, etwa dadurch, sich ihm etwas mehr zu öffnen: »Wenn du dich mir so öffnest«, wendet sich eine Frau im Paargespräch an ihren Freund, »dann will ich in dem Moment auch mit dir schlafen.«

Wer mehr versteht, hat mehr vom Leben, auch mehr Sex. Der schönste Vorwurf eines Mannes an einen Mann ist daher, ein Frauenversteher zu sein. Und einer Frau an eine Frau, eine Männerversteherin zu sein. Eine Übung auf dem Weg dazu, dem Anderen mehr Verständnis entgegenzubringen, besteht darin, sich in seine Lage zu versetzen, die anders ist als die eigene, mit anderen Bedürfnissen und Vorstellungen. Wenn das nicht freiwillig geschieht, wird es vom Leben erzwungen, das den überraschenden Rollentausch liebt, sodass einer sich unvermutet in der Rolle des Anderen wiederfindet.

In Edward Hoppers Bild *Sommer in der Stadt* (1949) sitzt plötzlich *sie* im Nachthemd am Bettrand, gebeugt, mit verschränkten Armen, während *er* nackt hinter ihr liegt, bäuchlings, das Gesicht ins Kissen gerammt. Es ist nicht das Bild einer Erfüllung. Auch diese inverse Konstellation wirft Fragen auf: Was ist geschehen? Kann der Eine verstehen, was der Andere fühlt? Fühlt *er* sich in seiner Männlichkeit verletzt? Fürchtet *sie*, nicht mehr begehrenswert zu sein? Heißt das etwa, nichts wert zu sein? Wie kommen die beiden aus der Situation wieder heraus? Wollen sie überhaupt heraus? Wollen sie noch nicht jetzt heraus, aber später, wenn sich der Ärger gelegt hat?

Keines der Bilder zum Sexout ist eindeutig, denn die Situation selbst ist es oft nicht, daher die Bedeutung hermeneutischer Annäherungen, immer aufs Neue, anstrengend, aber hilfreich: Fragen öffnen den Raum für das Innehalten und Nachdenken, mit dessen Hilfe es möglich ist, sich wieder neu zu orientieren. Die Philosophie hilft aus dem Sexout heraus, denn sie ist eine Ermutigung zum Versuch des Verstehens. In Frage stehen vor allem die *Gründe*, denn wenn es gelingt, Gründe zu verstehen, fällt es leichter, von einem oberflächlichen Laborieren an Symptomen abzulassen und im Zusammenspiel von theoretischer Einsicht und praktischer Erfahrung tastende Veränderungen ins Auge zu fassen und mögliche Kompromisse zu erproben. Und was sind die möglichen Gründe für einen Sexout?

Ein einfacher Grund könnte sein, dass aus jeder Vereinigung von zweien unweigerlich *zwei Einzelne* hervorgehen, deren Unterschiede wieder klarer zutage treten. Eine Atempause ist angesagt, denn auch die Liebe muss Atem schöpfen und mit ihr die sexuellen Bedürfnisse. Wie lange dauert das? Auf jeden Fall Stunden, eventuell auch Tage, womöglich Wochen oder Monate, seltener Jahre. Das subjektive Empfinden und die bisherigen Erfahrungen geben den Ausschlag dafür, eine Entscheidung für sich selbst zu treffen: Wie lange halte ich das aus? Wie wichtig ist mir die Beziehung, wie wichtig Sex? Handelt es sich von Seiten des Anderen um ein unwillentliches Pausieren oder um ein willentliches, gar willkürliches? Ist eine Absicht damit verbunden, aus unguten oder guten Gründen?

Frauen können sich beispielsweise mit einer Verweigerung gegen die ewige Inbesitznahme zur Wehr setzen, die Sex für sie sein kann, Männer gegen das ewige Einerlei, das sie langweilt. *Oder umgekehrt:* Männern widerstrebt die Inbesitznahme, Frauen das Einerlei.

Ein häufiger Grund ist sicherlich die *Langeweile*, die in der Liebe lauert, wenn Paare von Unterschieden nichts mehr wissen wollen, sie nicht pflegen, sondern sie am liebsten loswerden wollen, und wenn schon nicht die Unterschiede, so doch wenigstens den, der sie repräsentiert. Immer, nicht nur zeitweilig, soll alles »ganz entspannt« sein. Mit dem Schwinden gegensätzlicher Pole aber löst sich die vitale Spannung auf. Ohne Plus- und Minuspol kommt es zum Spannungsabfall, Stromausfall, *Blackout*. Die Langeweile wächst. Viele wollen einfach nur gute Freunde sein, aber Freunde werden eher selten miteinander intim. Es droht die *Pandaisierung* des Geschlechtslebens: In ähnlichen Haltungen wie Pandas im Zoo machen zwei es sich auf ihren Sesseln und Sofas bequem, naschen ihre Chips ähnlich geruhsam wie jene ihren Bambus, um dann genauso vor Erschöpfung in den Seilen zu hängen, zu müde für eine zielführende Annäherung: Da ist kein Ziel mehr, nebeneinanderher zu leben ist alles. Aber wenn es beiden gefällt …

Ein Grund kann auch das *Nicht-mehr-lieben-Können* sein, das der Andere als Liebesentzug wahrnimmt, während es dem vormals Liebenden selbst nur widerfährt. »Einer von zweien / Fühlt sich schwer wie Blei / Und der Andere (…) // Der Andere kann gar nichts dafür«, heißt es im Song »Einer von zweien« (2010) der Popgruppe *Ich und Ich*. Oder es handelt sich um einen Entzug, der als Schutzwall gegen Verletzung dient: Wenn ich mich dem Anderen entziehe, kann er mich auch nicht mehr abweisen. *Wo kein Begehren, da keine Enttäuschung.* Kein Mensch ist erfreut darüber, sich stets an der harten Mauer eines Nein wund zu stoßen, egal in welcher Frage, insbesondere aber in dieser.

Auf der anderen Seite tut es freilich auch keinem

Menschen gut, wenn ihm immer scheunentorweit ein Ja offensteht: Auch so geht Spannung verloren, Eintönigkeit stellt sich ein. »Ich bin keine Herausforderung mehr für dich«, klagt Maya in einer dramatisierten und aktualisierten Version des Bildes von Hopper (Theaterstück *Erotic Crisis* von Yael Ronen & Ensemble, 2014 am Berliner Gorki-Theater uraufgeführt). Sie hätte gerne jeden Tag Sex mit ihrem Mann Jan. Der aber streichelt lieber sein Smartphone im Bett, an dessen Kante sie verzweifelt sitzt und ihm elektronische Kurzbotschaften sendet, damit er sie überhaupt noch zur Kenntnis nimmt.

Ist es nicht das Schönste am Paarsein, dass zu zweit so viel mehr möglich ist als für einen allein? Das aber bietet jetzt vielleicht ein *Dritter*, der ein anderes Leben, andere Gefühle, anderen Sex, andere Gespräche, das ersehnte Verständnis für das Selbst mitbringt. Wer sich in sich eingesperrt fühlt, lässt sich mitreißen vom frischen Wind, mit dem eine neue Beziehung das alte Leben durchpustet. Dann geht alles seinen Gang: Der »Zurückgebliebene« missachtet das Grundrecht auf Datenschutz (»Brief-, Post- und Fernmeldegeheimnis«), das eigentlich auch in Beziehungen gilt, entdeckt eindeutige Botschaften auf den Geräten des Anderen, bittere Enttäuschung, Trennung. Warum musste es so weit kommen? Bat *er* noch eine Weile um ein Stelldichein, wies *sie* ihn ab, gab *er* sich nach einigen Versuchen keine Mühe mehr, war *sie* zu müde, hatte *er* ohnehin schon eine Andere, war *sie* sowieso nicht mehr an ihm interessiert? Und warum nicht einen Neustart versuchen? Einer denkt: »Wie schön wäre es, wenn wieder alles möglich wäre, wie am Anfang!« Aber der Andere sagt: »Lass mich in Ruhe!« Es kommt ihm nicht mehr darauf an, er zieht sich zurück und blockt ab: »Keine Lust!«

Zumindest für einen von beiden, in avancierter moderner Zeit immer häufiger für beide zugleich kann es zudem so sein, dass *Anderes wichtiger ist als Sex*. Die Arbeit. Die Fitness. Das Hobby. Die Freunde. Die Kinder. An Paaren zerren mehr als je zuvor die Fliehkräfte des modernen Lebens: Nicht mehr von außen, von den Schwerkräften der Religion, Tradition und Konvention, werden sie zusammengehalten, nur noch von innen, vom Interesse aneinander und Wohlwollen füreinander, die aber schwächer werden und schwinden können: *Fadeout*.

Im weitergehenden Fall will einer in der Beziehung, in der er lebt, eigentlich nicht mehr leben. Aber auch nicht sich trennen, zu riskant, zu unbequem, zu viel Verlust von Gewohntem. Also bewahrt er die Beziehung *unter Vermeidung von Beziehung*. Oder einer ängstigt sich, die Beziehung zu verlieren, sucht Nähe mit Sex zu gewinnen, ohne ihn wirklich zu wollen, schreckt prompt angewidert davor zurück und geht auf Distanz zu seinem Gegenüber, mehr timide als frigide.

Aber es gibt noch andere, womöglich verborgene Gründe: Das Hingezogensein zum eigenen Geschlecht oder aber eine *Asexualität* – nicht eine nur temporäre, wie sie auf eine Geburt folgen kann, sondern eine anhaltende, etwa aufgrund einer Veranlagung. Auch eine körperliche Krankheit oder seelische Störung kann mit einem Sexout einhergehen: Ein verborgener Grund kann der *Burnout* sein, das Ausbrennen der Kräfte, auf das ein Sexout als unerwünschte Nebenwirkung verweist, das Aussetzen von Sex als Alarmzeichen dafür, dass das Leben zu schwer und das Arbeiten unmöglich wird. Zwar könnte die intime Umarmung wundersam heilende Kräfte freisetzen: Die Künstlerin Dorothy Iannone hat diesem Aspekt ihr gesamtes Lebenswerk gewidmet, Marvin Gaye pries die Heilkräfte 1982 in seinem Popsong *Sexual Healing*. Aber wer nicht die geringste Lust verspürt, kann keinen Gebrauch von dieser Art der Heilung machen. Auf einem langwierigen therapeutischen Weg müssen die Kräfte erst anderweitig regeneriert werden, um wieder leben und lieben zu können.

Viele weitere Gründe sind möglich. Die Frage ist aber immer aufs Neue: Kann ich den Anderen verstehen? Und vor allem: *Will* ich es überhaupt? Darf ich auf sein Verständnis hoffen, wenn ich selbst es bin, der ihm einen Sexout zumuten muss? Kann ich etwas für dieses Verständnis tun? Bin ich es, der eine klare Entscheidung für die Beziehung zu ihm treffen sollte, die ihm wieder Gewissheit gibt? Auf welchen Gebieten können wir unsere Unterschiede ausleben? Wie können wir Sorge dafür tragen, dass davon unser Grundverständnis füreinander nicht angegriffen wird? Auch das große Verstehenwollen und Entgegenkommen wird allerdings nicht die ewigen Missverständnisse und Auseinandersetzungen zwischen den Geschlechtern beenden. Es kann lediglich dazu beitragen, die offenbar unvermeidlichen Zwistigkeiten mit anderen Mitteln auszutragen: Humorvoller, kreativer, subtiler, frivoler, friedfertiger, nicht auf Sieg und Überwältigung, Niederlage und Unterwerfung ausgerichtet. Die Auseinandersetzung mit dem Anderen muss nicht mehr dazu missbraucht werden, die Auseinandersetzung mit sich selbst zu ersetzen, für die der Andere lediglich als Projektionsfläche und Sparringspartner dient. Ein guter Teil der Kunst des Lebens und Liebens besteht darin, sich um ein wohlwollendes Verhältnis zu sich selbst zu bemühen, das die wichtigste Voraussetzung für ein wohlwollendes Verhältnis zu Anderen ist.

Gregory Crewdson, *Untitled,* 2002, Foto

## 3. Sich selbst mögen

Das ist die dritte Möglichkeit der Kunst, neu anzufangen: Beim eigenen Selbst anzusetzen. Sich
selbst zu mögen ist die Grundlage für so vieles
im Leben, vor allem aber dafür, Andere mögen zu
können. Und auch dafür, dass Andere das Selbst
mögen können: Schon von Weitem bemerken
sie, dass da ein Mensch ist, der nicht deswegen
nach Anderen Ausschau hält, um sich von ihnen
von eigenen Problemen erlösen zu lassen. Für die

Erfüllung in seinem Leben hält er nicht in erster Linie Andere, sondern sich selbst für zuständig. Im guten Umgang mit sich generiert er so viel inneren Sinn, dass er Anderen davon abgeben kann. Kaum etwas ist erotischer als ein Mensch, der zur Sinnquelle wird, ein wenig Selbstsorge reicht dafür aus. Und sollte es nicht gelingen, die Zuwendung Anderer zu gewinnen, macht die Selbstzuwendung stark genug, deren Gleichgültigkeit oder Abwendung auszuhalten.

Die Einsicht, dass die Beziehungen zu Anderen etwas mit der Beziehung zu sich selbst zu tun haben und dass dem, der sich mit sich schwertut, auch der Umgang mit Anderen nicht leichtfällt, findet sich schon im 4. Jahrhundert v. Chr. in der antiken Philosophie, nämlich in der *Nikomachischen Ethik* des Aristoteles. Platon meinte zwar im fünften Buch seiner *Gesetze*, die Selbstfreundschaft oder Selbstliebe (*philautia* im Griechischen) sei das größte Übel, denn sie halte die Menschen davon ab, gut und gerecht zu sein. Aber Aristoteles war überzeugt, dass es ein noch größeres Übel sei, sich selbst nicht zu lieben oder zu mögen, denn dies verhindere, sich Anderen überhaupt zuwenden zu können. Kein Problem also, wenn ein Mensch sich darauf versteht, einen *maßvollen* Narzissmus zu pflegen, aus dem er zugleich die Kraft dafür schöpft, auf Andere zuzugehen. Gelingt es ihm, gute Beziehungen zu Anderen zu gründen und zu pflegen, tut er damit sich selbst wiederum gut. Problematisch ist lediglich der *maßlose* Narzissmus, bei dem es einem Menschen nur noch um sich selbst geht, kenntlich auch am überschäumenden Charme, mit dem er Andere ködert, um sie unmerklich ganz und gar in Besitz zu nehmen. Die ungute Gestaltung der Beziehungen zu Anderen schlägt letztlich aber wieder auf das narzisstische Selbst zurück, das einsam wird.

Und auf welchem Weg wird es möglich, sich selbst auf maßvolle Weise lieben oder wenigstens mögen zu können? Auf dem Weg der *Selbstbefreundung*, durch die verträgliche Beziehungen zwischen verschiedenen und gegensätzlichen Seiten im eigenen Selbst zustande kommen: Zwischen Körper, Seele und Geist, sinnlichen Bedürfnissen, heißen Gefühlen und nüchternen Überlegungen, großem Freiheitsdrang und einem ebenso großen Bedürfnis nach Bindung – Gegensätzen, die einst durch religiöse und kulturelle Vorgaben in Schach gehalten wurden, lange zu Lasten des Körpers, der Gefühle, der Freiheit. Nun liegt es am Einzelnen selbst, Kompromisse mit sich zu finden, mit denen er leben kann, und festzulegen, was ihm im Leben wichtig ist, um sich daran zu orientieren. Nach der Befreiung von äußeren *Normen* zu eigenen *Formen* fähig zu sein und daraus Sinn zu gewinnen, ist Menschen freilich nicht unbedingt gegeben, es ist in einem längeren Prozess erst zu erlernen.

Zur Sinnressource wird dabei das Leben selbst, beginnend beim Umgang mit dem eigenen *Körper*. Der Körper hat Eigenarten, die mir nicht passen? Aber was heißt hier *mir*? Dass sie meinem Denken nicht gefallen, das den Körper zwar nicht geschaffen hat, aber sehr genaue Vorstellungen davon entwickelt, wie er zu sein hat. Ist es sinnvoll, mit etwas zu hadern, das nicht oder nur sehr bedingt zu ändern ist? Wäre es nicht klüger, sich auf das zu konzentrieren, was in der eigenen Macht steht? In meiner Macht steht nicht so sehr das nackte *Dass* des Lebens, das mir gegeben ist, eher das *Wie*, wie ich damit lebe. Die beste Basis dafür ist das Einverständnis damit, dass das Leben zunächst so ist, wie es ist, und die Anerkennung, dass es mich mit Eigenarten ausgestattet hat wie niemanden sonst. Mir obliegt es zu erproben, wie dieses Leben mit allen Eigenarten und mit den Fragen, die sich stellen, so gelebt werden kann, dass sich daraus ein wertvoller Beitrag für die Gesamtheit des Lebens ergibt.

Zur körperlichen Ausstattung gehören die *Sinne*, die es leicht machen, sich mit sich zu befreunden: Wer dem sinnlich Schönen Raum gibt, findet darin eine Bestärkung seiner selbst, eine Quelle der Freude und sehr viel Sinn im Leben, denn die Sinne vermitteln vielfältige Beziehungen zwischen Selbst und Welt, Selbst und Anderen: Die Sinnlichkeit eines schönen Anblicks, eines tollen Musikstücks, eines betörenden Geruchs, eines guten Essens, einer wohltuenden Umarmung regeneriert mühelos die Kräfte eines Menschen. Mit den *fünf Sinnen* des Sehens, Hörens, Riechens, Schmeckens, Tastens sind Leben und Welt zu erfassen, mit einem *sechsten Sinn* in der Bewegung zu erleben (dank zahlloser »Bewegungsmelder« im gesamten Körper) und mit einem *siebten Sinn* im

Körperinneren, im »Bauch«, zu erspüren (dank Tausender von Sensoren). Die Sinne stellen jedem Menschen ein reiches Leben zur Verfügung, ohne sie aber wird er, wie ein Smartphone ohne Sensoren, völlig orientierungslos. Daher kommt so viel darauf an, die Sinne umfassend und feinsinnig zu kultivieren, die Einschränkung oder den Ausfall einzelner Sinne durch die Intensivierung anderer aufzufangen, bei einer Überreizung der Sinne aber die Eindrücke stärker zu filtern.

Sinnlich ist auch der intime Umgang mit sich selbst, die Selbstberührung an sensiblen Stellen des Körpers, um sich auf diese Weise gutzutun, und nur der Einzelne selbst kann die Frage für sich beantworten: Wie viel Nähe will ich zu mir selbst? Wie oft? Das gilt vor allem für die gesteigerte Form der Selbstberührung: Es muss ja nicht auf offener Bühne sein, wie einst bei Diogenes, dem kynischen Philosophen im 4. Jahrhundert v. Chr. – Von ihm heißt es im Buch *Leben und Meinungen berühmter Philosophen*, zusammengetragen von Diogenes Laertios, er habe auf dem Marktplatz von Athen onaniert, um sodann zu bedauern, den Hunger im Magen nicht ebenso leicht durch ein Reiben des Bauches stillen zu können. Böse Zungen hielten es fortan für erwiesen, dass alle Philosophie ohnehin nur Onanie sei, aber die Wahrheit sieht, wie so oft, ganz anders aus: Onanie ist eine *Erholung* von der Philosophie, eine bewusste Aushebelung des endlosen Nachdenkens für einen bewusstlosen Moment.

Ohne jede Erholungsmöglichkeit musste der Antikyniker Immanuel Kant im 18. Jahrhundert sein Dasein fristen: In seiner Vorlesung *Über Pädagogik* bekundete er jedenfalls, dieser Art von »Wollust, die auf sich selbst gerichtet ist«, nichts abgewinnen zu können. Als einer, der auf das reine Denken vertraute, musste er in dieser körperlichen Lust eine Verunreinigung sehen. Andere hingegen schätzen die intime Selbstberührung als Möglichkeit, dem denkenden Ich den eigenen Körper wieder näherzubringen, und sei es nur für einen Augenblick.

Die »Selbstbefriedigung« ist eine Möglichkeit, wie das Wort schon sagt, das Selbst zu befrieden und den inneren Aufruhr zu besänftigen, der unter anderem dann aufkommt, wenn körperliche Bedürfnisse ihre Ansprüche geltend machen. Insofern dient sie der Selbstbefreundung – wenngleich sie in vielen Fällen nur der buchstäbliche Tropfen auf den heißen Stein sein kann: Den Durst nach Intimität mit einem Anderen kann sie nicht immer stillen.

Sich selbst zu mögen beruht ferner darauf, sich mit den Gefühlen zu befreunden, die die *Seele* erfüllen. Die Energie des Lebens kommt in ihnen zum Vorschein, manchmal sehr verhalten, dann wieder heftig hin und her wogend. Die Befreundung mit den Gefühlen fällt leicht, solange es sich um freudige wie Vertrauen, Zuneigung, Zärtlichkeit, Leidenschaft, Mut, Hoffnung und Begeisterung handelt. Aber Gefühle können nie nur freudige und freundliche sein. Das Selbst bedarf einer Befreundung auch mit ärgerlichen und befremdlichen Gefühlen wie Misstrauen, Abneigung, Zorn, Eifersucht, Ängstlichkeit, Enttäuschung und Unglücklichsein. Bestärkende und beflügelnde Gefühle wie Fröhlichkeit und Unbekümmertheit setzen enorme Energien frei, verunsichernde und bedrückende wie Traurigkeit und Bitterkeit setzen sie wieder fest. Aber nur in dieser Spannweite ist das Leben zu haben.

Ein Mensch wird den Gefühlen gerecht, wenn er Ausdrucksformen für das gesamte Spektrum findet. Eine solche Form ist etwa das *Lachen*, innerhalb dessen sich wiederum eine enorme Spannweite auftut: Das boshafte Lachen verschließt die Seele und sorgt für eine Distanz zu Anderen, die von Zeit zu Zeit erforderlich ist, um sich im Rückzug auf sich selbst zu regenerieren. Das freundliche Lachen öffnet die Seele und stellt mühelos Brücken zu Anderen her. Das lauthalse Lachen ist ein Ausbrechen aus dem Gefängnis seiner selbst, um wieder frei atmen zu können. Erstarrte Strukturen bringt es in Bewegung und verflüssigt alles, was sich zu sehr verfestigt hat. Der, der lacht, ist nicht immer zweifelsfrei von einem Verrückten oder Wahnsinnigen zu unterscheiden. Über Gewohnheiten, Normen und Konventionen, die den Begriff der Vernunft für sich allein beanspruchen, setzt er sich hinweg. Bereits dadurch, dass das Lachen über eine herrschende Wirklichkeit ausgeschüttet wird, vermittelt es eine Ahnung von anderen Möglichkeiten.

Schwieriger ist es, auf der anderen Seite des Spektrums dem Gefühl des Traurigseins gerecht zu werden, dessen Ausdrucksform das laute oder stille *Weinen* ist. Ist es überhaupt noch gestattet, traurig zu sein, muss man nicht unentwegt »gut drauf sein«? Das ist eine Frage, die sich nur für moderne Menschen stellt, alle anderen wissen, dass das Traurigsein ein fester Bestandteil des Menschseins ist. Wenige suchen danach, aber alle sind irgendwann damit konfrontiert, aus welchen Gründen auch immer. Dann käme es darauf an, ihm angemessenen Raum im Leben zu geben, es zu pflegen, ja, möglichst zärtlich damit umzugehen, sich ihm vielleicht sogar ganz hinzugeben. Die Zeit, die es braucht, unbedingt verknappen zu wollen, läuft darauf hinaus, es von Neuem erfahren zu müssen, dann aber einschneidender als zuvor. Wer es hingegen akzeptiert, erlebt eine Zeit großer Sensibilität und tiefer Einsichten ins Leben, eine intensive Infragestellung des eigenen Selbst, die zu seiner Neuorientierung führt. Darin besteht die reinigende, kathartische Kraft des Weinens und des Traurigseins.

Sich selbst mögen zu können, fällt leichter, wenn ein Mensch sich darüber hinaus Gedanken über alles Mögliche machen kann. Im Gedankenreichtum lebt der *Geist* eines Selbst auf, und je geistreicher es sein kann, desto größer ist seine Fähigkeit zum gedanklichen Austausch mit Anderen. Das ist von Bedeutung für jede Beziehung, die über die körperliche und seelische Ebene hinaus eine geistige Dimension hinzugewinnt und mit einem größeren gedanklichen Spielraum auch Auszeiten auf den anderen Ebenen gut überbrücken kann. Verständigung wird möglich, wenn Fragen aufbrechen wie: Was ist für dich, für mich Liebe? Welche Rolle spielt für dich, für mich Glück? Was ist Glück? Kann es in einer Beziehung wirklich darum gehen, immer nur glücklich zu sein? Gibt es einen Zusammenhalt, einen Sinn der Beziehung, der tragfähiger ist als die ständige Frage nach Glück, etwa der Sinn gemeinsamer Zwecke und Ziele – oder einfach nur der Wunsch, zusammenzubleiben, um ein wenig Kontinuität in dieses diskontinuierliche moderne Leben zu bringen?

Wie bei den Gefühlen werden auch bei den Gedanken weniger die freundlichen, mehr die befremdlichen zur Herausforderung: Negative Gedanken widersprechen der modernen Forderung, immerzu positiv zu denken. Aber es rumoren nun mal negative Gedanken im Selbst, auch negative Gedanken über den Anderen, der eigentlich geliebt wird – das zu negieren, wäre eine Selbstverleugnung, die das Selbst spalten und daher gefährlich werden könnte. Sich stattdessen negativen Gedanken, wenn sie entstehen, bereitwillig hinzugeben, ist eine gute Möglichkeit, ihre Energie zu aktivieren, sie sogar noch ein wenig zu forcieren – und sie gerade dadurch zu ermüden, bis sie sich völlig erschöpft von selbst wieder ins Positive wendet. Auf solchen Umwegen macht sich das Selbst bereit dafür, erneut auf den Anderen zugehen zu können. Der Andere hält sich gerne dafür offen, wenn das Selbst ihm oder ihr etwas zu bieten hat, worauf er oder sie nur ungern verzichten möchte, auf geistiger, seelischer – oder gelegentlich auch wieder auf körperlicher Ebene.

Nic Nicosia, *Love + Lust* #6, 1990, Öl auf s/w-Foto

## 4. Auch Sex will gelernt sein

Eine vierte Möglichkeit der Kunst, neu anzufangen, geht mit der Anstrengung einher, nicht nur
das eigene Selbst, sondern auch den Sex attrakti-
ver zu gestalten, um den Anderen in Versuchung
zu führen und zu erfreuen. Nicht der Andere ist
für Bemühungen um eine verfeinerte Kunst des
Liebens zuständig, sondern in erster Linie ich
selbst, der Andere darf sich zurücklehnen. Wenn

wirklich, wie Paarforscher meinen, außer einer möglichst großen Kommunikationsfähigkeit und Problemlösungskompetenz die »sexuelle Kompatibilität« für die Beziehungsstabilität ausschlaggebend ist, liegt es an mir, mich zu fragen: Wie kann ich mich um dieses Zusammenpassen neu kümmern, wenn es abhandengekommen ist? Muss alles passen oder genügt einiges? Was kann ich verändern, damit es besser passt? Welche konkreten Schritte kann ich unternehmen? Welche Erfahrungen und Ideen haben Andere?

*Besinnung* hilft auch hier weiter, die neuerliche Suche nach Sinn, beginnend beim Spiel mit allen Sinnen, mit Blicken, Gerüchen, Geschmackserlebnissen, Gesten, Worten, um den Anderen angenehm zu berühren und sich von ihm berühren zu lassen: Das ist *Erotik*. Es ist ein Spiel mit Möglichkeiten und es wirkt am besten, wenn es zweckfrei geschieht, allenfalls mit der Absicht, sich näherzukommen und diesen Zustand zu genießen. In der Nähe tun sich von selbst weitere Möglichkeiten auf, Druck hingegen ist kein Aphrodisiakum. Er geht häufiger von Männern aus, für die eine erwachende Erregung etwa aufgrund eines

Anblicks oder auch nur eines Gedankens zügig mit dem Wunsch nach Sex verknüpft ist. *Phantomvibrationen* stellen sich ein, wenn die Vorstellungskraft das Eintreffen einer heiß ersehnten Nachricht vorgaukelt: Wie beim Smartphone kann das auch angesichts des Anderen irrtümlich so erscheinen. Viele Frauen aber verbinden eine erwachende Erregung noch lange nicht mit dem Wunsch nach Sex: Schon die Erregung kann für sie im Moment erfüllend sein. Soll mehr daraus werden, dann lieber eingebettet in eine umfassendere Zuwendung und Zuneigung: Sich innerlich, in Gefühlen öffnen zu können, macht die äußerliche, körperliche Öffnung erst möglich.

Das Potenzial von Missverständnissen ist groß: *Er* sucht nach zärtlicher Berührung und hat schon die Fortsetzung im Sinn, getragen von den Wogen aufwallender Hormone. *Sie* erkennt die Absicht und ist verstimmt, alles viel zu zielgerichtet, viel zu *Mann*! Weiß er nicht, wie sehr es auf Einstimmung und Einfühlung ankommt, auf das Spiel der Sinnlichkeit, den Austausch von Gefühlen und Gedanken? *Er* kann das Körperliche isoliert betrachten, ohne von weiteren Fragen umgetrieben zu sein, enttäuschend für *sie*, die findet, er könnte sich etwas einfallen lassen, um den Übergang gleitender zu gestalten, mit einer Massage, einem Ritual, einem Gespräch. *Er* verstummt, wenn er auf körperlicher Ebene keine Resonanz erfährt und über keine andere Ebene verfügt, um sich ihr zu nähern. Dringt er, auch aus diesem Grund, nicht durch, ist seine Enttäuschung groß. Schlimmer als die Zurückweisung ist für ihn nur noch, damit allein zu bleiben: *Sie* könnte wenigstens etwas Mitgefühl zeigen.

Missverständnissen ist am besten zu entkommen, wenn bekannt ist, wo sie drohen. Dann ist eine Steigerung der Erotik möglich, wenn beide das wollen: Sex *im weiteren Sinne*, ein Spiel mit erogenen Zonen, Geschlechtsteilen und all den reichen Reizmöglichkeiten, die die Natur oder Gott den Menschen zur Verfügung gestellt hat, auf dass sie etwas damit anzufangen wissen. Eine Gebrauchsanweisung lag allerdings nie bei, alles hängt von der individuellen Erkundung der Möglichkeiten ab, von der Bereitschaft, sich darauf einzulassen und die Hormone, die dabei frei werden, hochkochen zu lassen. Wer einem Sexout entgehen will, wer über ihn hinauskommen will, tut gut daran, auf so anregende Weise Gebrauch von Sinnen, Körperteilen und Reizlandschaften zu machen, dass es dem Anderen leichtfällt, es einfach geschehen zu lassen, auch wenn er oder sie gar kein großes Bedürfnis danach verspürt. Am schönsten ist es, wenn es gelingt, die gesamte Sinnlichkeit auszuschöpfen, denn Sex und Erotik sind *pan-sensuell* wie nichts sonst, mit voller Intensität des Sehens, Hörens, Riechens, Schmeckens, Tastens, Bewegens und des Bauchgefühls in ein und demselben langen Moment.

Können zwei sich auf diesem Weg entgegenkommen, mal auf dem kürzeren Weg des Einen, mal auf dem längeren des Anderen und oft irgendwo dazwischen, wird trotz aller Hemmnisse und potenzieller Missverständnisse Sex *im engeren Sinne* möglich. Frauen fällt ein Entgegenkommen leichter, wenn sie wissen, dass Testosteron bei vielen (nicht allen) Männern jeden nüchternen Gedanken wie von Zauberhand verdrängt und den Schwellkörper bis zur Schmerzgrenze füllt – und falls nicht, lässt sich der Zustand mit wenigen Handgriffen herbeiführen (detaillierte Schilderungen offeriert Charlotte Roche, *Schoßgebete*, 2011). Männern fällt ein Entgegenkommen leichter, wenn sie wissen, dass das eigentliche weibliche Sexualorgan die sehr empfindliche Klitoris mit ihren weitverzweigten Nervenenden ist, von innen wie von außen und überhaupt großflächig reizbar. Die Tatsache, dass viele (nicht alle) Frauen den Reiz von außen weit intensiver erleben, könnte Männer auf die Idee bringen, sich öfter mal »nach unten« zu begeben und den Mund auf etwas andere Weise voll zu nehmen.

»Rein durch Penetration geben nur vier Prozent der Frauen an, fähig zu sein, zum Höhepunkt zu kommen«, berichtete die Wiener Ärztin und Sexualtherapeutin Elia Bragagna 2013 in der Fachzeitschrift *Gynäkologie und Geburtshilfe*. Auch die Stimulation der Brüste und aller möglichen Areale des Körpers kann daran beteiligt sein. Noch mehr als bei Männern wirkt das Gehirn daran mit, »mit all den gespeicherten Informationen zu den Themen Berührungen, zwischenmenschliche Beziehungen, Selbstakzeptanz und -liebe, Selbstvertrauen, sinnliche Genussfähigkeit, Normen, Gebote und Verbote«. Selbst Fitnesstraining und Bauchübungen können den weiblichen Orgasmus auslösen, der »eine komplexe Komposition aus sensorischen, kognitiven, motorischen und autonomen Komponenten« ist. Und weit häufiger als bei Männern ist der Weg bereits das Ziel, nicht zwingend hängt alles vom Erreichen des Höhepunkts ab. Die Einzige, die darüber zu befinden hat, ist die jeweilige Frau selbst.

Das zugehörige *Können*, das jeder Kunst, auch der des Liebens zugrunde liegt, fällt freilich nicht vom Himmel, sondern will gelernt sein, und es liegt am Einzelnen selbst, sich darum zu kümmern. Wie jedes Können ist auch dieses auf ein *Wissen* angewiesen. Es findet sich in den Liebesbüchern und in der Literatur aller Zeiten und Kulturen. Im 20. Jahrhundert haben sich Autoren wie Anaïs Nin und Henry Miller darum verdient gemacht, aber jede neue Generation findet ihre eigenen Quellen, gewinnt praktisches Wissen aus eigenen Erfahrungen und wissenschaftliches Wissen aus Psychologie, Physiologie, Anatomie, Neurobiologie.

Interessant zu wissen ist, ob es unterschiedliche Vorlieben und Abneigungen von Männern und

Frauen gibt. Und welche sind es speziell bei diesem Mann, dieser Frau? Wie ist er oder sie am besten ansprechbar, sinnlich, seelisch, geistig? Welche Art des Näherkommens und Zusammenseins bevorzugt er oder sie? Und um nicht zu jeder Zeit mit den eigenen Bedürfnissen vorzupreschen: Welche Zeit passt ihm oder ihr? Wie ist ein psychischer Druck von ihm oder ihr zu nehmen, zu dem ich womöglich selbst beitrage? Und wenn wir uns näherkommen: Welche Saiten des Anderen kann ich wie bespielen und kenne ich schon alle?

Wie jedes Können ist auch dasjenige einer Kunst des Liebens außer auf Wissen des Weiteren auf *Übung* und praktische Erprobung angewiesen. Daher sollten in der privaten Schule der Liebe Theorie- und Praxisstunden einander ablösen, ähnlich wie in einer Fahrschule: Einerseits Trockenübungen in Wissensfragen mithilfe von Gesprächen zu zweit, Büchern, Zeitschriftenartikeln, Internetinformationen und Sexualberatung, dann wieder praktische Übungen in real existierenden Feuchtgebieten, in der Hoffnung, dass der Andere ebenso gerne übt und erkundet. Begleitende

Übungsstunden in Sport, Gymnastik, Yoga sorgen zusätzlich zur inneren für äußere Beweglichkeit, um schwungvoll ausholen zu können und nicht hüftsteif zu werden. Ein Konditionstraining ist hilfreich, um nicht vorzeitig erschöpft darniederzuliegen.

Je nach Vorlieben sind Übungen in speziellen Künsten möglich, von denen die kanadische Autorin Sheila Heti in ihrer autobiographischen Erzählung *Wie sollten wir sein?* (2010) eine hervorhebt: »Wir leben«, meint sie, »in einer Zeit ziemlich großartiger Blowjob-Künstlerinnen.« Die besondere Herausforderung dieser Kunstrichtung verschweigt sie jedoch nicht: »Ich gebe mir bloß alle Mühe, nicht zu sehr zu würgen.« Wäre es nicht interessant, der weit zurückreichenden Geschichte dieser Kunstrichtung einmal genauer nachzugehen? Es wäre eine *Oral History* der anderen Art, die der Gegenwart einige Anregungen zur Verfeinerung der Praxis geben könnte.

Mit vielen weiteren Einzelkünsten und ihrer unverdrossenen Übung wäre ein umfassendes Können zu gewinnen, das Liebende dem Ziel näher brächte, das zeitweilige Einssein so zu gestalten, dass es göttlich ist und nicht langweilig wird. Wird auf das *Wie* eine befriedigende Antwort gefunden, wird das *Wie oft* nicht mehr so oft zur dringlichen Frage. Das Problem der Häufigkeit markierte offenkundig immer schon einen Unruheherd zwischen zweien: Schon Hippokrates, der berühmte Arzt der Antike, soll im 5. Jahrhundert v. Chr. diesbezüglich konsultiert worden sein und empfohlen haben, zweimal in der Woche sei gesund für Mann und Frau. In Platons *Symposion* hält der Arzt Eryximachos eine Lobrede auf die Regelmäßigkeit und auf jegliches Vermeiden von Unmäßigkeit: Beides sei in der Liebeskunst wie in der Kochkunst erforderlich, »um ohne Übel den Wohlgeschmack genießen zu können«. Er könnte sich dabei im Einklang wissen mit Forschungsergebnissen im 21. Jahrhundert, die zutage fördern, dass allzu unregelmäßiger Sex die Herzinfarktgefahr erhöht, jedenfalls beim Älterwerden.

Davon, dass die Häufigkeitsfrage über Jahrhunderte hinweg Menschen umtrieb, zeugen auch Bibelstellen. Paulus sieht sich im ersten Brief an die Korinther (7,5) dazu veranlasst, die Einhaltung ehelicher Pflichten anzumahnen: »Entziehet euch einander nicht, es sei denn mit gegenseitigem Einverständnis auf einige Zeit, um euch dem Gebete zu widmen und um dann wieder zusammenzukommen, damit der Satan euch nicht infolge eurer Unenthaltsamkeit versuche.« Durchgesetzt hat sich in der christlich geprägten Kultur für lange Zeit jedoch eine große *Aversion* gegen alle Sexualität. Nur vor diesem Hintergrund ist zu verstehen, dass in der modernen Kultur Sex und Erotik zur großen *Sensation* werden konnten. Weder Aversion noch Sensation konnten freilich eine Kunst des Liebens hervorbringen, an der zu arbeiten somit zur Aufgabe einer *anderen Moderne* wird, zu deren Entstehen viele Einzelne mit ihrem persönlichen Einsatz beitragen.

Wie oft also? Mancher Paartherapeut legt sich mutig fest: Dreimal pro Woche. Das klingt für die Einen nach Abklingbecken, für die Anderen nach Schnellem Brüter. Wichtig ist, dass es die Diskussion beflügelt, eine Festlegung treffen letztlich allein die beiden, die es angeht. Übertriebene Vorstellungen könnten das Leiden an ihrer Unerfüllbarkeit vertiefen. Um nicht immer wieder mühsam neu entscheiden zu müssen, könnte eine *Ritualisierung* hilfreich sein: Sex könnte zum Ritual werden wie das Frühstück, über dessen Arrangement ja auch niemand jeden Tag von Neuem nachdenkt, warum sollte das beim *Spätstück* ganz anders sein? Festgelegte Zeiten erleichtern die Erfüllung »ehelicher Pflichten« – die niemand dem Einzelnen auferlegen kann außer er oder sie sich selbst. Wozu? Zur Pflege der Beziehung, sowohl zum Anderen als auch zum eigenen Selbst, denn was dem Anderen guttut, kommt dem Selbst wiederum zugute. Ich kann dann Ja sagen, wenn ich kein klares Nein habe.

Selbst bei einem Einvernehmen über die Frequenz kann allerdings auch die noch sehr unterschiedlich gesehen werden, wie Alvy und Annie dies vorführen (Woody Allen und Diane Keaton in Allens Film *Der Stadtneurotiker/Annie Hall*, USA 1977). In getrennten Sitzungen beantworten sie die Frage des Therapeuten nach der Häufigkeit. *Er:* »So gut wie nie, vielleicht drei Mal pro Woche.« *Sie:* »Die ganze Zeit! Ich würde sagen, drei Mal pro Woche.« Ach, könnte Sex doch immer so harmlos sein!

Abbildung aus *Cosmopolitan*, Deutschland. Foto: Sam
Bisso. Das Motiv wurde fotografiert im Rahmen eines re-
daktionellen Shootings mit professionellen Fotomodellen.

## 5. Sex ist nicht immer harmlos

Eine fünfte Möglichkeit der Kunst, neu anzufangen, beruht darauf, innezuhalten und über noch
tiefere Gründe für das Aussetzen nachzudenken.
Es wäre ja schön, wenn Sex immer nur ein harm-
loses und unterhaltsames Spiel sein könnte wie,
sagen wir, *Mikado*. Spielerisch und voller berü-
ckender Leichtigkeit kann die Anbahnung sein,

aber spätestens der Vollzug des Aktes macht dann doch etwas mit den Beteiligten. Plötzlich ist die Situation eine andere, auf eine Weise, die nicht vorweg kalkulierbar ist. Alles ist reizvoll im Zustand der Erregtheit, danach aber womöglich peinlich, ja, eklig, selbst wenn zuvor noch jeder mit allem einverstanden war. Jetzt kann einer sich vom Anderen benutzt fühlen. Süße Hingabe kann umschlagen in bittere Enttäuschung. Himmelhohe Erwartungen erfüllen sich nicht, und selbst wenn sie erfüllt werden, ist zunächst wieder irdischer Alltag angesagt.

Vielleicht stellt Sokrates in Platons *Symposion* auch aus solchen Gründen die unkritische Anbetung des Gottes Eros, die sein Vorredner Agathon allzu beredt betrieben hat, brüsk in Frage: »Eros ist kein Gott.« Im Violinkonzert *Serenade nach Platons Symposion*, 1954 im Teatro La Fenice in Venedig uraufgeführt, akzentuiert Leonard Bernstein mit großer Intensität, wenngleich »sehr gehalten« (*molto tenuto*) den Frevel, den Sokrates mit diesem Satz am allseits beliebten Gott verübt. Der einzelne Philosoph tritt mit nichts als seinen Gedanken gegen die Überzeugung vieler an, dem vergötterten erotischen Begehren Folge leisten zu müssen, egal, welche Konsequenzen sich daraus ergeben. Auch die sonst nicht sehr religiösen modernen Menschen hängen dem Glauben an Gott Eros weiterhin an, bedenkenlos bereit, sich in jedes Schicksal zu fügen, das sich daraus ergibt, auch wenn sie in anderen Zusammenhängen von einem Schicksal und Gott nichts wissen wollen. Von ihrer geheiligten Autonomie sehen sie bereitwillig ab, sobald es um Eros geht. Solange es um ihn geht.

Der moderne Gott Eros heißt Sex, der aber nie nur Sex ist, immer auch ein *Wunschgenerator*. Immer neue Wünsche kommen zum Vorschein, wenn zwei sich auf den Weg machen. Die Phantasien galoppieren und die Gefühle überschlagen sich, bis endlich *Ekstase* entsteht, ein Außersichsein, ein außergewöhnlicher Zustand menschlichen Seins, eine faszinierende Erfahrung, die das Ich in der Verschmelzung mit dem Anderen von sich befreit. Die rauschhafte Aufhebung der Vereinzelung hebt sich so sehr vom gewöhnlichen Leben ab, dass die Liebenden wieder und wieder danach suchen. Indem sie ihre Wünsche erfüllen und Phantasien verwirklichen, überschreiten sie die Grenzen der alltäglichen Wirklichkeit und tasten sich vor ins unbegrenzte Reich der Möglichkeiten. Die Suche danach kann jedoch zur Sucht werden: Immer soll es so sein, in allen Bereichen des Zusammenseins. Und doch kann die Ekstase niemals Alltag werden: Sie lebt davon, ungewöhnlich zu sein. Jeder Versuch, sie zur gewöhnlichen Erfahrung zu machen, ist zum Scheitern verurteilt, denn sie braucht den Alltag, um erneut an Intensität zu gewinnen, die eine weitere Auszeit vom Alltag ermöglicht, der wieder gebraucht wird, um erneut … So atmet die Liebe.

Noch dazu ist Sex ein *Machtgenerator*. Macht ist ein Verfügen über Möglichkeiten, Potenz (*potentia* im Lateinischen) in jeder Hinsicht, ein energetisch angeregter Zustand. Nicht in jedem Fall, aber auch nicht selten kann es beim Sex sogar ausschließlich um die Erfahrung von Macht gehen, die der Eine, welchen Geschlechts auch immer, über den Anderen ausüben kann. Insbesondere die Wunscherfüllung ist mit einer Machterfahrung verwoben, sobald dem Erfüllenden klar wird, dass der, der Erfüllung sucht, auf ihn angewiesen ist. Wer bemerkt, dass er den Anderen ohnmächtig vor Lust machen kann, spürt Macht und will sie wieder spüren, bewusst oder unbewusst. Die andere Seite der Macht ist jedoch Ohnmacht. Der Mächtige weiß um seine Wirksamkeit, der Ohnmächtige um seine Unwirksamkeit, die mit Verletzung, Enttäuschung, Verbitterung einhergehen kann, wenn er zum Bittsteller gemacht wird: Soll er sich ewig im Ungewissen fühlen und auf Knien um gnädige Gewährung der Lust flehen, die er ersehnt? Bis er bemerkt, dass er selbst von der Macht des Ohnmächtigen Gebrauch machen und sich dem Mächtigen entziehen kann, der nun seinerseits Ohnmacht erfährt. Bis in alle Ewigkeit kann dieses Spiel der Macht gespielt werden.

Mehr noch als der Sex kann die Machtausübung selbst als Rausch erlebt werden. Die Unterwerfung ebenfalls. Das Problem ist, dass die Machtausübung selten auf Sex begrenzt bleibt, das bunte Treiben im Bett färbt vielmehr auf die Beziehung außerhalb des Bettes ab, wenn die Beteiligten sich nicht rechtzeitig ein paar Fragen stellen: Was kann ich dem Anderen zumuten oder zugestehen? Wie kann ich selbst oder der Andere die Machtausübung in Grenzen halten? Ohne Begrenzung kann die Machtausübung maßlos werden: Dann stehen Tür und Tor zur Nötigung, Erpressung, Bestrafung, Vergewaltigung offen.

Aus den Augen verloren wird außerdem allzu leicht die mögliche Macht über ein neues Leben, das aus einem einzigen Akt hervorgehen kann, mit machtvollen Rückwirkungen auf das werdende Leben wie auch auf das der werdenden Eltern. Und übersehen werden kann die Macht, mit einem einzigen Akt das eigene Leben wie auch das des Anderen einer folgenreichen Ansteckung oder tödlichen Gefährdung auszusetzen, wenn auf Vorsicht und Schutz verzichtet wird.

Alle wollen Sex, mehr oder weniger. Aber ohne Folgen. Das ist freilich das Einzige, was Sex nicht bieten kann. Mit der Eigendynamik der Wünsche, auf die Enttäuschungen folgen, und mit der Macht, die zum Missbrauch verleitet, ist Sex in der Lage, eine Beziehung von einem Moment zum anderen völlig zu verändern. Für den Versuch, diese Dynamik abzuschwächen, steht den Liebenden das Innehalten und Nachdenken zur Verfügung, wie Sokrates es mit Berufung auf Diotima in seiner Rede in Platons *Symposion* zu etablieren versucht: Der Eros der Philosophie als Gegenmacht zum Eros des Begehrens. Die philosophische Besinnung ermöglicht die Einübung einer Distanz zum Begehren, die *Askese*, und sei es nur für einen Moment, um nicht jedem in Erscheinung tretenden Eros besinnungslos folgen zu müssen.

Im Gegensatz zu einem weitverbreiteten Gerücht ist die Askese keineswegs lustfeindlich, ganz im Gegenteil: Sie bereitet von Neuem die *Ekstase* vor. Jede und jeder kennt die Erfahrung, dass ausgerechnet auf eine Weile der asketischen Abstinenz, freiwillig oder unfreiwillig, eine ekstatische Intensität folgt, die ihresgleichen sucht. Asketische Fähigkeiten machen es leichter, Auszeiten des Eros und erst recht einen Sexout zu überstehen, sich in solchen Zeiten zu erholen und auf den Anderen zu warten, der früher oder später von selbst wieder nach größerer Nähe sucht. Gefahrlos kann der Andere sagen, »heute nicht«, ohne dass für den Bedürftigen die Welt zusammenbricht. Vor allem das Nein heute, das die Aussicht auf ein Ja morgen oder übermorgen eröffnet, gibt »Erwartungssicherheit« und überfordert die asketischen Fähigkeiten sicherlich nicht, es mindert vielmehr den Druck auf den, der weniger will, und steigert damit die Wahrscheinlichkeit, dass er oder sie bald wieder mehr will.

Im Übrigen muss die Übung, die die Askese dem griechischen Wortsinn der *Askesis* nach ist, nicht immer eine Übung der *Begrenzung*, der Zurückhaltung oder Enthaltsamkeit sein, auch das genaue Gegenteil ist möglich: Eine gewagtere Übung ist die *Entgrenzung*, vorausgesetzt, der Andere ist damit einverstanden. Die Übung könnte darin bestehen, die sexuelle Frequenz ganz freizugeben und als Antwort auf den Sexout eine *Sexkur* zu machen. Ein abenteuerlustiges Paar hat es gewagt: 100 Tage Sex ohne Zurückhaltung, wenigstens einmal täglich oder nächtlich. Die wichtigste Nachricht: Beide haben überlebt. Die Erfahrungen, von denen der männliche Teil des Expeditionsteams im einschlägigen Fachorgan *Men's Health* (April 2014) berichtet, sind ermutigend, was die Nähe angeht, die auf diese Weise neu zu gewinnen ist, entmutigend jedoch, was sonstige

Folgen betrifft: Wunde Stellen, größere Infektan-
fälligkeit, gefühlter Überdruss.

Spätestens dann, wenn die Entgrenzung zu weit
getrieben wird, werden Grenzen spürbar. Das
gilt vermutlich für alle menschlichen Verhältnisse, insbesondere aber für den sexuellen Bereich.
Jetzt stellt sich heraus: *Er* will fast immer, kann
aber gar nicht, auch aus physiologischen Gründen. *Sie* kann fast immer, will aber gar nicht,
auch aus psychologischen Gründen. Erst von der
Erfahrung wird der grenzenlos Begehrende zur
Einsicht geführt, dass er an Grenzen stößt, und in
erster Linie handelt es sich dabei ja doch um *ihn*,
weniger um *sie*, wenngleich die Rollen grundsätzlich getauscht werden können. Auf dieser Basis
gelegentlich Verzicht zu üben, geht jedoch mit
besseren Gefühlen einher, als sich in eine Zurückweisung schicken zu müssen, die als demütigend
empfunden wird.

Gibt es aber irgendwelche tieferen Gründe dafür,
dass Eros und seine Zuspitzungen, Sex im weiteren und engeren Sinne, so heiß begehrt und heftig
umkämpft sind? Ein Grund dafür könnte sein,
*dass es keinen kürzeren Weg zum Sinn gibt*, zu-

mindest für einen von zweien, während der Andere Sinn auch noch anders finden kann, zusätzlich oder ersatzweise. Wird Sex für den Einen zur einzigen Sinngebung im Leben, womöglich sogar zur Flucht vor sich und aller Welt, kann der Andere, der Sex ganz anders in sein Leben einbettet, sich benutzt fühlen und zurückschrecken. Ansonsten können beide das volle Potenzial der Sinngebung durch Sex und Erotik ausschöpfen, mit Kompakterlebnissen, die alle Ebenen des Sinns zwischen Sinnlichkeit und Transzendenz umfassen: Nicht nur alle sinnlichen Sinne werden hellwach, sobald sie ins Spiel kommen, sondern auch Gefühle und Gedanken machen die Energie des Lebens intensiv erfahrbar. Diese *Energie* ist für die Erfahrung von Sinn ausschlaggebend, denn in ihr spürt und fühlt ein Mensch das Wesentliche, das ihn leben und aufleben lässt, und zugleich etwas, das ihn unendlich überschreitet.

Transzendente Erfahrungen werden möglich, wenn sich in den hereinbrechenden Fluten von Energie das Tröpfchen Ich für einen kosmischen Augenblick auflöst. Möglicherweise geschieht das schon bei einem *One-Night-Stand*, erst recht jedoch in einer länger währenden Beziehung, in der die Liebenden sich einander voller Vertrauen hingeben können, zwar nicht ohne Unterlass, aber immer wieder von Neuem. Immer wieder kann dabei der »kleine Tod« (*la petite mort*), wie der Orgasmus im Französischen auch genannt wird, den großen Tod vergessen machen. Die Erfahrung, dass der kleine Tod überlebt wird und danach das gewöhnliche Leben wieder beginnt, müsste eigentlich den Gedanken wachrufen, dass es sich beim großen Tod ganz ähnlich verhalten könnte. Ist es denn nicht vorstellbar, dass dieses Leben zwar endet, danach aber einfach ein weiteres Leben beginnt? Wieder mit viel Alltag und mit so mancher Leidenschaft und allem Drum und Dran?

Mit dem Sinn, der aus erotischer Anregung und sexueller Erfüllung zu gewinnen ist, können Menschen im Denken und Fühlen den Tod überwinden. Aus demselben Grund kann ein Sexout sie allerdings auch auf ihre Endlichkeit zurückwerfen: Die starke Erfahrung von Sinn macht im Gegenzug aus jeder Abschwächung von Sinn eine leidvolle Erfahrung. Weil es dabei zumindest zeitweilig um den Sinn des Lebens gehen kann, wird auch sonst alles, was *zuvor* so einfach war, *mittendrin* so überwältigend ausfiel, *danach* so kompliziert: Nach ihrer äußersten Entäußerung müssen die Ichs zu sich zurückkehren, um sich wieder zu finden. Der Sinn, der abhandengekommen ist, muss nun anderweitig gesucht werden. Die Akte haben Kraft gekostet, die Glücksstoffe sind verpulvert und bedürfen einer Regeneration. Die Bewältigung des alltäglichen Lebens steht wieder an.

Daher kann nach der langen Nacht der spitzen Schreie schon das Frühstück zu einem Duett des monotonen Schweigens geraten. Jeder kehrt in die Einsamkeit seiner Autonomie zurück. Gerade jetzt, wo doch alles gut sein könnte, haben die beiden sich nichts mehr zu sagen. Aber es sind ja noch andere Möglichkeiten denkbar.

Tanzproduktion *Chamber Made* von David Bolger
und Katie Read, CoisCéim Dance Theatre,
Kilkenny Arts Festival, Irland 2004, Foto

# 6. Sex geht auch anders

Eine sechste Möglichkeit der Kunst, neu anzu-
fangen, begibt sich auf die Suche nach *anderem
Sex*. Nein, nicht schon gleich nach Sex mit An-
deren, Dritten, Vierten, Fünften. Sondern nach
Sex in anderer Form, allein oder zu zweit. Das
Spektrum erotischer Vorstellungen und sexueller
Phantasien ist weit gefächert. Um sich deren Reiz

zu bewahren, könnte es ratsam sein, sie keinem Realitätstest zu unterziehen. Wenn aber doch: Warum nicht einen *Traumnummerntag* einrichten? Selbstverständlich nach Vereinbarung, die offenlassen kann, was an diesem Tag passiert, wann, wo, wie und wie lange. Es ist wie eine Wundertüte, Enttäuschungen sind möglich: Die neue Nummer ist die altbekannte, die Überraschung misslingt. Einer steigt vorzeitig aus dem Spiel aus: »Das wird mir jetzt zu viel!« Aber die alltägliche Routine wird durchbrochen.

Es kann sich um perverse Phantasien handeln, im Wortsinne, also verkehrt herum (lateinisch *perversus*) im Verhältnis zu dem, was vom eigenen Ich, von Anderen, von der umgebenden Kultur als normal empfunden wird. Nicht alles kann verwirklicht werden – oder soll es nicht, wenn eine Realisierung dem eigenen Ich oder Anderen nicht guttun würde. Vieles ist unproblematisch: Sex mit akrobatischen Übungen? Eine bescheidene Perversion. Sex an ungewöhnlichen Orten? Heiligt die Orte. Sex auf der Tanzfläche? Wenn es niemanden stört. Sex ohne Kondom? Problematisch nur in Situationen, in denen ein einziger nüchterner Gedanke den Gebrauch nahelegen würde. Sex mit vielen? Wenn es allen gefällt. *Cunnilingus?* Bürgerlicher Standard. *Anilingus?* Wenn der Andere das nicht für einen Papagei aus Paraguay oder sonst wie für eine seltene Art von Vögeln hält. Und losgelöst vom zwischenmenschlichen Verkehr: Sex mit Tieren? Heikel. Sex mit Staubsaugern und Bettpfosten? Riskant nur für den eigenen Körper. Um aber nicht selbst noch zum Vollpfosten zu werden, vielleicht dann doch lieber Sex mit einer Bettflasche? Kopulieren ist zwar schwierig, aber sie spendet jederzeit wohltuende Wärme an jeder beliebigen Stelle des Körpers, anspruchslos, unkompliziert, ungefährlich. Fehlt etwas?

Gänzlich losgelöst von jedwedem konkreten Vollzug ist der abstrakte *Gedankensex*, der aufregender ausfallen kann als irgendwelche Realität, sei es *vorgestellter* Sex mit Anderen oder einfach nur die Lektüre eines Buches: Auch wenn es nicht von Sex erzählt, ermöglicht es, sich berühren zu lassen von der Gedankenwelt eines Anderen, langsam in sie einzutauchen, sich von ihr in Besitz nehmen zu lassen und lange in ihr zu verweilen – endlich ein Sex, der endlos dauert! Auch vertraute Gespräche sind eine Art von Sex, *Oralsex*, egal, ob es Gespräche über Sex oder über alles sind: Sie gehen tief, lassen den Anderen seelisch und geistig eindringen ins Selbst und dringen in ihn ein, ohne auch nur eine einzige körperliche Schwelle zu überschreiten. Es ist ein Austausch von Intimitäten, der erfüllend sein kann, ohne dass man auch nur ein einziges Mal außer Atem gerät. Sogar Sex unter Freunden ist im Gespräch kein Problem, ganz im Gegenteil: Er ist anregend wie Koffein, berauschend wie Alkohol und dabei deutlich länger zu genießen, mit einem anhaltenden Nachklang ohne jede Reue.

Auch Philosophie ist Sex, gedanklich und oral. Manche meinen zwar, Philosophie habe mit Sex nichts zu tun. Gewöhnlich handelt es sich ja auch um sehr verschiedene Lebensvollzüge, ihnen zeitgleich nachzugehen ist schwierig, zeitversetzt aber einfach: Mal hat die Sinnlichkeit Vorrang und das Denken setzt aus, mal ist das Denken obenauf und die Sinnlichkeit pausiert. Bei einem Sexout bleibt dann immer noch die Philosophie übrig, *Mindfuck*, meinetwegen. Ja, Sex ist toll,

aber noch toller ist es, gedanklich in ein Wissens-
gebiet vorzudringen und in einer Fragestellung zu
versinken, Abenteuer einer unvergesslichen Leidenschaft. Die Frequenz ist kein Problem, es geht
fast immer.

Das hatte wohl auch Sokrates in Platons *Symposion* im Sinn, als er mit Berufung auf Diotima vor-
schlug, ausgehend von der schönen Körperlichkeit die Leiter über Seele und Geist hochzusteigen
bis zum gedanklichen Anblick des ewig Schönen:
Die Besinnung, die dem tieferen Sinn auf der Spur
ist, sollte mit dem Eintauchen in die unendlichen
Weiten der Ideen die oberflächliche Sinnlichkeit
übertrumpfen, ja, sie sogar entbehrlich machen.
Es war in der Debatte über das *Symposion* immer umstritten, ob es denn statthaft sei, von der
Höhe des Anblicks des ewig Schönen wieder zum
Anblick des einen oder anderen schönen Körpers
herabzusteigen. Aber jeder kann, zumindest für
sich selbst, den theoretischen Streit durch praktisches Tun beenden.

Und nicht allein Lesen, Reden und Denken,
sondern alle Kunst und Kultur ist Sex in anderer Form. Musik dringt in die Gehörgänge vor,

ein *Earshot*, und durch alle Poren des Körpers hindurch, um auf dem kürzesten Weg im Geist Gedanken anzuregen und in tiefster Seele die Energie des Selbst in fühlbare Schwingungen zu versetzen. Wie der beste Sex, der den ganzen Menschen erfasst und ihn in den Kosmos katapultiert, löst Musik ein Gefühl der Allverbundenheit aus: Es gibt keinen wesentlichen Unterschied zwischen der Musik, die ein Mensch gerne hört, und dem Gefühl der Geborgenheit im Universum, euphorisch oder melancholisch. Fröhliche Musik erinnert an das Wohlgefühl, traurige Musik an die Tristesse nach einem erschöpfenden Koitus. Mühelos trösten die Rhythmen und Klänge über die Verlorenheit in den Untiefen des kalten Alls nach der heißen Umarmung hinweg.

Jede Anregung der Sinnlichkeit kann zur erotischen und sexuellen Erfahrung werden, wenn ein Mensch dafür empfänglich sein will: Der Geruch, der die Nase überwältigt – ein *Noseshot*. Das Schöne, das in die Augen springt, sei es ein schönes Gesicht, eine Gestalt, eine Landschaft oder vieles mehr – ein *Eyeshot*. Es ist eine erotische Handlung, die Schönheit von Bildern und

Skulpturen in Ausstellungen und Kunstbüchern wahrzunehmen, und noch dazu finden sich dabei nicht selten Sex und Erotik dargestellt, etwa in der Dia-Serie *Real Society* des Videokünstlers Phil Collins oder den *Made-in-Heaven*-Werken von Jeff Koons. Es sind keineswegs nur eigene sexuelle Erlebnisse, die die Künstler auf ihre Weise memorieren, sondern auch Sexout-Erfahrungen, die sie sublimieren, willkommen im Club!

Großartig ist die sinnliche Möglichkeit, Oralsex mit sich selbst zu haben: Beim Essen und Trinken werden Dinge und Stoffe auf intime Weise in den eigenen Körper aufgenommen – ein *Mouthshot*. Dieser Sex tut so gut, dass nicht wenige üppigen Gebrauch davon machen, insbesondere als Reaktion auf einen Sexout. Einen herrlichen oralen Genuss offeriert *Kaffee*, der Menschen vitalisiert, inspiriert und zuversichtlich stimmt – wie Sex. Es gibt Menschen, die morgens zuhause schon intimen Kontakt mit der Kaffeetasse haben, die ihnen seit langem vertraut ist. Ich gehe lieber ins Café, um mich mit einer mir noch nicht näher bekannten Tasse Espresso einzulassen. Oft ist es Liebe auf den ersten Blick, im ersten Moment geleitet von Äußerlichkeiten: Was für eine Crema, was für ein Duft der zarten, braunen Haut auf schwarzem Untergrund! Vorsichtig, denn der begehrte Saft könnte überhitzt sein, setze ich meine Lippen an den weißen Rand der großen Öffnung und beginne Molekül für Molekül in mich hineinzuschlürfen. Andere stürzen den Inhalt hektisch auf einmal die Kehle hinab, fast ein Vergehen, ich aber lasse mir Zeit, denn mit der Zeit entfalten sich die inneren Werte. Diesen Sex koste ich aus, *Slow Motion*, auch wenn ich hier keinen Sexout befürchten muss: Fraglos steht mir morgen wieder eine Tasse zur Verfügung. Der Kaffee, dermaßen langsam getrunken, wird kalt? Aber kalter Kaffee, so heißt es doch, macht schön.

Sex ist auch jede Art von Bewegung, Gymnastik und Sport, die auffällig oft mit einer Leidenschaft betrieben werden, wie sie sonst nur beim Sex zu finden ist. Und mehr noch als die eigene Ausübung fasziniert viele das *Zuschauen*: Warum sonst erzielt Fußball im Fernsehen regelmäßig Rekordquoten, obwohl doch fast jeden Tag irgendein Spiel übertragen wird? Langeweile müsste sich längst breitgemacht haben, wäre da nicht die Verlockung zum Voyeurismus, und woran erinnert die Flasche in der Hand auf der Couch? Wahre Fans lieben mehr noch den Hautkontakt zwischen vielen Männern (und wenigen Frauen) im Stadion, wenngleich sich kaum einer offen zum Gruppensex bekennen mag.

Was aber die Wahrheit angeht, die bekanntlich auf dem Platz liegt, bleibt noch eine Frage offen: *Kann Sex Tore schießen?* Lange galt, dass Sex vor einem Spiel dem kräfteraubenden Drang zum Tor schadet. Aber in der Nacht vor dem legendären 5:1-Sieg der niederländischen über die erfolgsverwöhnte spanische Mannschaft bei der Weltmeisterschaft 2014 in Brasilien lud der Trainer der Niederländer die Spielerfrauen zu einem Besuch ins Hotel ein: Die mutmaßliche physische Verausgabung der Spieler erwies sich als wirksames psychisches Doping.

Eine weitverbreitete Fortsetzung von Sex mit anderen Mitteln ist im Übrigen die *Arbeit*. O Arbeit, o Freude, wie oft schon hast du mich tröstend umfangen! Treu und verlässlich bleibst du an meiner Seite, dafür danke ich dir zutiefst. Immer und überall stehst du zur Verfügung und bist dennoch nicht einfach nur gefügig, sondern auch eine immer neue Herausforderung, die alles Andere vergessen macht. Jedenfalls gilt das für die Arbeit, die ich mir selbst suche und deren Bewältigung mir eine eigene Macht, ein Verfügen über Möglichkeiten erfahrbar macht. Selbst wenn alles um mich herum zusammenbricht, bleibt mir immer noch die Arbeit, die zu tun ist, auf einem Gebiet, das mir vertraut ist. Unvergleichlich die wohltuende Intimität damit, erst recht das Aufgehen in einer subjektiv gefühlten Berufung. Die Liebe zur Arbeit lässt keinen Grund mehr dafür übrig, sich vom Frust über einen Sexout überwältigen zu lassen, vielmehr zeigt sie auf, was sich daraus machen lässt: Die sexuelle Unzufriedenheit macht kreativ und produktiv, sie ist der Ansporn zu großen Taten.

Im Anschluss an die Arbeit ist ein *Workout* bestens dazu geeignet, einen Sexout aufzufangen. Fitness-Studios sind Swingerclubs, frequentiert von Menschen, die es mit Geräten und Maschinen treiben, ohne Scheu vor wilden Verrenkungen in extremen Stellungen. Manche streicheln die technischen Vorrichtungen zärtlich, Andere nehmen sie heftig her, springen wild auf ihnen herum – und die ächzen und quietschen, machen aber alles mit. Alles kann ausgelebt werden, Sadismus, Masochismus, kein Problem. Was alle tun, kann kein öffentliches Ärgernis sein, noch dazu heißt es, es sei gesund. Alle holen sich hier die Berührung, die sie anderswo entbehren, und sei es nur eine metallische. Nicht wenige werden gelockt vom Dopamin, das bei hemmungsloser Verausgabung ausgeschüttet wird. Das Einzige, was fehlt, ist Oxytocin, Beigabe echter Umarmungen. Was viele stattdessen umtreibt, ist reichlich Testosteron, das sie in eine eigenartige Unruhe versetzt: Ihre wichtigste Übung besteht darin, ziellos umherzulaufen und den Smalltalk mit Anderen zu suchen. Das ist kein Sex, denke ich, das ist ein Kampf gegen den Tod, den sozialen, aber auch den physischen: Die wollen alle nicht sterben. Ich übrigens auch nicht.

Danach noch *saunieren*. Macht eine feine, rosige Haut, wie Sex. Der kleine Unterschied zu Kaffee, Arbeit, Sport, Sauna, schönen Tönen, Gerüchen, Anblicken, Geschmackserlebnissen, Berührungen ist nur: Realer Sex kann das alles zugleich, verdichtet in einem einzigen Akt. Umso bedauerlicher, dass Sex allzu oft Probleme aufwirft, Menschen nicht nur vereint, sondern auch entzweit. Wenn dann auf Versöhnungssex noch mehr Unversöhnlichkeit folgt und sich das Bedürfnis auch nicht mehr in der Sauna ausschwitzen lässt, sondern hartnäckig eines Anderen bedarf, kommt in den Blick, dass Sex noch einmal anders geht. Gelegenheiten dafür muss niemand lange suchen, sie warten virtuell im Internet und analog an so mancher Straßenecke, wo auch mich jetzt eine junge Frau anspricht, mit kokettem Augenaufschlag: »Könnten Sie mir bitte sagen, wo hier die Straße der Liebe ist?« Ich verneine und begreife einen Augenblick zu spät, dass das eine Kontaktanbahnung war. Vorbei. Naivität in Liebesdingen wird mit verpassten Gelegenheiten bestraft, auf Lebenszeit, denn sie kehren nie mehr wieder, außer in der Erinnerung, in der das Verpassen vielleicht ewig bereut wird. Oder war es gut so? Auch käuflicher Sex ist nicht immer so harmlos, wie es den Anschein hat.

Pablo Picasso, *Nu couché avec Picasso assis à ses pieds*,
1902-1903, kolorierte Zeichnung

## 7. Käuflicher Sex?

Eine siebte Möglichkeit der Kunst, neu anzufangen, weicht auf käuflichen Sex aus, für den Moment oder längerfristig. Weitaus mehr Männer
als Frauen fragen danach, weitaus mehr Frauen
als Männer bieten ihn an. Warum ist das so?
Weil es Unterschiede zwischen den Geschlechtern gibt und Männer häufiger mit einem Sexout

zu schaffen haben? Weil sie weniger gut damit zurechtkommen, dass ihre Bedürfnisse im heimischen Bett zu wenig Befriedigung finden? Weil sie Macht auskosten wollen? Und warum bieten manche Frauen diesen Sex an? Weil sie eine allzeit sprudelnde Einnahmequelle in ihm vorfinden? Weil sie diese Art von Arbeit gerne tun? Weil sie dazu gezwungen werden? Schwieriges Thema. Ist dieser Sex verwerflich? Uraltes Thema. Trägt auch käuflicher Sex dazu bei, wieder Sinn im Leben zu finden, wenigstens auf der Ebene der Sinnlichkeit? Tabuthema.

In Platons *Symposion* wird die Flötenspielerin, die zur musikalischen Untermalung anwesend ist, zu vorgerückter Stunde aber auch noch eine andere Funktion wahrnehmen könnte, gleich zu Beginn schon weggeschickt: Ein Statement. Viele Literaten und andere Kunstschaffende hielt das im Laufe der Geschichte nicht davon ab, sich für käuflichen Sex und sein Ambiente zu interessieren. Warum? Was ist daran so spannend?

Vermutlich der Reiz einer im Vergleich zum Gewöhnlichen ungewöhnlichen und unbekannten Welt und die Frage, was diejenigen denken und empfinden, die sie bevölkern, wie sich ihre Körper anfühlen, die gegen Geld berührt werden dürfen, was sich mit ihnen machen lässt, das sonst nicht zu haben ist, welche Erregung das im eigenen Körper auslösen kann und welche Macht ein fremder Mensch damit über das nur scheinbar vertraute Ich ausübt, welche Nähe, Wärme und Erfüllung, aber auch Ferne, Kälte und Enttäuschung dabei spürbar wird. Kurz, alles Menschliche und Zwischenmenschliche findet sich wie im Brennglas verdichtet in diesem exterritorialen Raum, in dieser knappen Zeit, verwoben mit dem Flair des Verruchten.

Bücher und Bilder künden von der Vertrautheit mit der Situation, etwa die Tagebücher der Gebrüder Goncourt im 19. Jahrhundert mit sehr freizügigen, die Grenzen zur Indiskretion bedenkenlos überschreitenden Schilderungen, wer aus der damaligen Intellektuellenszene welchen Vorlieben nachging. Émile Zola schwärmt in seinem Roman *Nana* (1880) von der Protagonistin in der »Allmacht ihrer Fleischesspracht«, die er wohl bei sorgfältigen Studien vor Ort so gebannt betrachtete wie Platon einst die Idee des Schönen.

Der Maler Edgar Degas trägt zu dieser Zeit sein Begehren, das er mutmaßlich bei Beobachtungen *in situ* und bei den Erinnerungen daran im Atelier empfand, auf Metallplatten auf oder graviert es ein. Picasso schwelgt in Aktzeichnungen, die er zwischen 1900 und 1905 in Bordellen in Barcelona und Paris anfertigt. Sie zeigen seine Freunde in Aktion, aber er versucht auch ein eher schüchternes Selbstporträt: Das Bild *Liegender Akt mit Picasso zu seinen Füßen* entstammt dieser Serie.

Auch Musik und Theater verdanken der Prostitution einige Inspiration. Der Operette wird nachgesagt, von ihren Anfängen im 19. Jahrhundert an ein »singendes und tanzendes Edelbordell« gewesen zu sein. Im 20. Jahrhundert formt Frank Wedekind seine Erfahrungen mit Prostituierten zu einer »Tragödie in 5 Aufzügen«, *Lulu* (1913), auf der Basis seiner Theaterstücke *Erdgeist* und *Die Büchse der Pandora*. Die *Dreigroschenoper* von Bert Brecht und Kurt Weill, 1928 im Theater am Schiffbauerdamm in Berlin uraufgeführt, besingt sozialkritisch das Milieu.

In der Flowerpowerkultur der Nachkriegszeit

wird 1964 ein Song der Popgruppe *The Animals* zum Welthit, der einen traditionellen, auch schon von Bob Dylan gecoverten Folksong wiederaufnimmt, aus einschlägigen Gründen dem Haus der aufgehenden Sonne, *House of the Rising Sun*, in New Orleans gewidmet. Dort den Sonnenaufgang erlebt zu haben, war der Ruin vieler armer Jungs, so der Songtext: »And God, I know I'm one.«

Im 21. Jahrhundert schildert Clemens Meyer in seinem Roman *Im Stein* (2013) die Szenerie der käuflichen Liebe und ihrer Verflechtung mit Kriminalität, Gewalt und Drogen: In inneren Monologen, die er sich vorstellt oder die ihm anvertraut wurden, bildet er die Bewusstseinsströme der unterschiedlichsten Akteure aus ihrer jeweiligen Perspektive nach, in Rohheit, Sprunghaftigkeit, Endlosigkeit sicherlich nahe an der Realität, aber eine Herausforderung für den Leser, wie schon die Urschrift dieser Art von Literatur, *Ulysses* von James Joyce (1922), insbesondere dessen 15. Kapitel, »Circe«.

Aus der Sicht des modernen, aufgeklärten Menschen soll es sich selbstverständlich, wenn es denn sein muss, immer um politisch korrekte, faire Prostitution handeln, die zumindest stellenweise keine ferne Utopie zu sein scheint: Die Männer, mit denen sie zu tun hätten, seien meist nett, geben im berüchtigten Bahnhofsviertel in Frankfurt am Main einige Prostituierte den recherchierenden Soziologinnen zu Protokoll (Martina Löw und Renate Ruhne, *Prostitution. Herstellungsweisen einer anderen Welt*, 2011). Zumindest beim so genannten *Girlfriendsex* ist es so, als würden gute alte Freunde sich begegnen, miteinander plaudern und ein wenig kuscheln, gegen eine kleine Unterstützung für den Lebensunterhalt.

Weit umstrittener ist die Korrektheit des *Flatratesex*, der ein Abarbeiten von beiden Seiten vorsieht: Sex als unpersönliche Verrichtung, die er vielleicht ursprünglich ja auch mal war, als noch nicht die Beziehung von Person zu Person, sondern die Fortpflanzung im Vordergrund stand. Kein hohes Ansehen genießt ferner der meist in festen Verhältnissen lebende *Sugardaddy*, der mit einer jungen Frau zärtliche Berührungen und sexuelle Handlungen gegen Geld und Gefälligkeiten tauscht, gleichfalls die seltenere, meist unverheiratete *Cougar*, die »Silberlöwin«, die mit einem jungen Mann verkehrt. Die »Entwicklungshilfe«, die älter werdende weiße Frauen an Kenias Stränden jüngeren schwarzen Männern zuteilwerden lassen, ruft im allgemeinen Urteil nicht so viele ethische Bedenken hervor wie der nackte Sex, den westliche Männer sich in den Städten Thailands kaufen.

Äußerst korrekt und fair, aber nicht für alle erschwinglich ist der *Escortservice*, ein persönliches Verhältnis für ein paar schöne Stunden, das auffällig häufig nicht nur Frauen anbieten und nicht nur Männer in Anspruch nehmen: Gut speisen und ins Kino gehen, etwas trinken und eine Nacht miteinander verbringen, »normaler GV mit ein bisschen still daneben liegen« (Julia Hummer als Prostituierte Jacky im Film *Top Girl*, Regie Tatjana Turanskyj, Deutschland 2014).

Sollte sich die Ausweitung der käuflichen Zone auf beide Geschlechter fortsetzen, würde dies die weitgehende historische Beschränkung des Kundenkreises auf Männer korrigieren, die schon im antiken Griechenland Beziehungen zu *hetairai*, Freundinnen, unterhielten, die sich deutlich von den *pornai*, den »schamlosen« Dirnen, unterschieden. Aspasia, das mutmaßliche Vorbild für Diotima in Platons *Symposion*, war selbst eine Hetäre, und das bedeutete: Eine gebildete, kultivierte Frau, die eine Partnerin auf Augenhöhe sein konnte, eventuell auch nicht nur für einen Augenblick – Aspasia war die Lebensgefährtin des Politikers Perikles.

Zahlreich sind die Erscheinungsformen der käuflichen Liebe, gleitend die Übergänge in bürgerliche Verhältnisse. In so mancher Beziehung wird materielles und soziales gegen sexuelles Kapital getauscht, echte Gefühle nicht ausgeschlossen. Das zieht sich wie ein roter Faden durch die Sozialgeschichte, und auch im 20. und 21. Jahrhundert sind Kulturen erfinderisch bei immer neuen Abwandlungen der Grundkonstellation, im Iran beispielsweise mit einer religiös legitimierten »Ehe auf Zeit«: Ein Mullah beglaubigt die Übereinkunft von zweien, für ein paar Stunden, aber ebenso für Wochen, Monate, Jahre zu einem Paar zu werden. Wäre das ein Modell auch für andere Kulturen? Genauer definierte Erwartungen aneinander in einer zeitlich befristeten Beziehung könnten eine Lücke in der Landschaft der

Beziehungen füllen, eine Frage des praktischen Experiments.

Ist Sex entwürdigend für den, der dafür in irgendeiner Weise kurz- oder längerfristig entlohnt wird? Doch wohl nur dann, wenn die umgebende Kultur das so sieht. Vor allem aber dann, wenn der intimen Beziehung keine freie Wahl zugrunde liegt. Ist die freie Wahl immer zweifelsfrei erkennbar? Schwierig zu beurteilen im Einzelfall, denn auch die Beteuerung der Freiwilligkeit vor sich selbst und Anderen kann auf zwanghafte Weise zustande kommen, ohne dass der Zwang auf Anhieb erkennbar wäre: *Loverboys* binden junge, unerfahrene Frauen mit vorgetäuschten Gefühlen an sich, um ihnen dann von einer Schuldenfalle zu erzählen, in die sie dummerweise geraten sind, aus der sie aber von ihrer Geliebten mit schnellem Geld befreit werden können, ein Zeichen wahrer Liebe …

Ist die beste Vorgehensweise gegen Zwang, alle Prostitution zu verbieten? Sie wird dennoch stattfinden und wohl kaum weniger, eher mehr Kriminalität produzieren. Und mit aller gebotenen Zurückhaltung gefragt: Interessiert es eigentlich jemanden, was bedürftige Männer und Frauen ansonsten anstellen sollen? Sollen sie sich die unbotmäßigen Hormone wie überschüssiges Fett absaugen lassen? Sollen ihre Wünsche und Sehnsüchte eben unerfüllt bleiben? Was bedeutet auf der anderen Seite ein Verbot für Frauen, die Sexdienste anbieten, weil es ihnen gefällt? Oder sie anbieten müssen, um Geld zu verdienen, wie das auch bei anderen Arten von Arbeit vorkommt? »Prostitution ist kein Verbrechen«, riefen Frauen 2014 bei einer Demonstration im Anschluss an eine Razzia in Rio de Janeiro: »Wir wollen arbeiten!«

Ein Verbrechen kann dennoch hinter dieser Arbeit verborgen sein. Bleiben zwei Wege, dagegen vorzugehen: Einerseits der *individuelle* Weg einer Selbstverpflichtung der so genannten Freier, sich gegen die Situation der Frauen und Männer, mit denen sie zumindest für diesen Moment eine Beziehung eingehen, nicht gleichgültig zu verhalten, sondern den Begriff des *Freiers* wörtlich zu verstehen, sich also für die Freiheit ihres Gegenübers einzusetzen und sie oder ihn bei der Wahrung der Menschenwürde zu unterstützen. Andererseits

# Wilhelm Schmid

Suhrkamp · Insel

# Wilhelm Schmid

ist einer der erfolgreichsten philosophischen Publizisten in Deutschland. Seine Bücher werden in zahlreiche Sprachen übersetzt. Bekannt wurde er mit seinen Arbeiten zu den Themen Gelassenheit, Glück, Sinn, Lebenskunst, Liebe und Selbstfreundschaft.

Geboren 1953 in Billenhausen in Bayerisch-Schwaben, studierte er Philosophie und Geschichte in Berlin, Paris und Tübingen. Seit 1980 lebt er mit seiner Familie in Berlin. Er ist freier Philosoph und hält mit immensem Erfolg zahlreiche Vorträge im In- und Ausland, seit 2010 auch in China.

2012 erhielt er den Meckatzer-Philosophie-Preis für besondere Verdienste bei der Vermittlung von Philosophie, 2013 einen Preis der Egnér-Stiftung, Zürich, für sein bisheriges Werk zur Lebenskunst.
Er lehrt Philosophie als außerplanmäßiger Professor an der Universität Erfurt und war viele Jahre zusätzlich tätig als Gastdozent in Riga/Lettland und Tiflis/Georgien sowie als »philosophischer Seelsorger« an einem Krankenhaus in der Nähe von Zürich/Schweiz.

Homepage des Autors:
www.lebenskunstphilosophie.de
Twitter: @lebenskunstphil

*»Auch wenn das eigenwillig erscheint: Ich bin mir sicher, dass nur die Stärkung des Individuums zur Stärkung der Gesellschaft führt.*
*Die entscheidende Frage ist, ob die Individuen die Stärkung ihrer selbst dazu nutzen, sich aus reinem Eigeninteresse auch mehr um die Gesellschaft, in der sie leben, zu bekümmern.«*

# Glück

Alles, was Sie darüber wissen müssen, und warum es
nicht das Wichtigste im Leben ist (2007)
80 Seiten. Geb. € 8,– (D) / € 8,30 (A) (978-3-458-17373-1)
Auch als eBook erhältlich

Einfach nur glücklich sein: offenbar ein schwieriges Unterfangen. In seinem Buch denkt Wilhelm Schmid darüber nach, was unser Glück ausmacht, was die Philosophie dazu beitragen kann und was wir persönlich tun können und müssen. Es geht um die geistige Haltung, die wir dem Leben gegenüber einnehmen; die Kunst, neben den Höhen auch die Tiefen des Lebens anzunehmen; und das Erkennen von Sinn und Zusammenhängen mit allen Sinnen.

*»Ein empfehlenswertes klitzekleines Buch über die ganz großen Fragen.«*
Denis Scheck, ARD-Büchersendung »Druckfrisch«

# Unglücklich sein

Eine Ermutigung (2012)
100 Seiten. Gebunden. € 8,– (D) / € 8,30 (A) (978-3-458-17559-9)
Auch als eBook erhältlich

Über das Glücklichsein scheint alles gesagt zu sein. Aber was ist mit dem Unglücklichsein? In der ausufernden Glücksdebatte sind die Schattenseiten des Glücks etwas in Vergessenheit geraten. Stattdessen entstand eine neue Art von Pflicht: die Pflicht zum Glück. Der Glücksstress, der sich daraus ergibt, macht viele nicht glücklicher. Und was ist mit all denen, die vom Glück allenfalls träumen können? Wilhelm Schmid bezieht kritische Position zur Glücksdebatte, zu der er 2007 mit seinem Bestseller *Glück* selbst beigetragen hat, allerdings mit dem Hinweis, dass er es nicht für das Wichtigste im Leben hält. Dieses Buch macht Mut, dem Unglücklichsein den Raum zu geben, den es braucht, und zeigt Wege auf, wie es besser bewältigt werden kann.

»Das ist ein wichtiges Buch, für die Theorie und auch fürs Leben.«
Franz Schuh, DIE ZEIT

# Liebe

Warum sie so schwierig ist und wie sie dennoch gelingt (2011)
93 Seiten. Gebunden. € 7,– (D) / € 7,20 (A) (978-3-458-17520-9)
Auch als eBook erhältlich

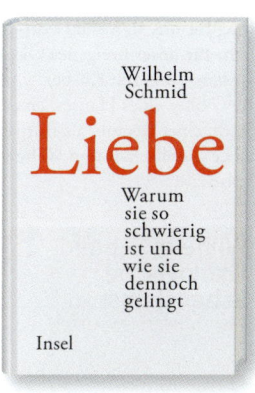

Kann man Liebe erlernen? Wilhelm Schmid fragt in diesem kleinen Buch danach, warum die Liebe in unserer Zeit so selten glückt, und zeigt Wege auf, wie sie dennoch gelingen kann. Amüsant, leicht lesbar und teils sehr persönlich erzählt er darin von seinen Erkenntnissen über die Liebe, stellt sich den großen Fragen von Macht, Sex und Geld und unterschlägt auch nicht den alltäglichen Kleinkram, der das Zusammenleben so sehr erschwert.

Hier erfährt der Leser, die Leserin, wie aus einem Flirt eine Affäre fürs Leben werden kann, wie Beziehungsturbulenzen zu überstehen sind, wie Gefühl mit Kalkül und Romantik mit Realismus gepaart werden kann und wie sich diese paradoxe Mischung leben lässt.

*»Ein besonders spannendes und lehrreiches Buch.«*
Deutschlandradio Kultur

# Ökologische Lebenskunst

Was jeder Einzelne für das Leben auf dem Planeten tun kann (2008)
suhrkamp taschenbuch 4034. 149 Seiten. € 7,– (D) / € 7,20 (A)
(978-3-518-46034-4)

Der Bericht des UN-Klimarats von 2007 erbrachte eine Klarheit über die ökologische Problematik, die viele Menschen erschütterte. Seither wächst das Interesse an den Zusammenhängen und daran, was der Einzelne tun kann, um das Leben nachhaltiger zu gestalten.

Wilhelm Schmid skizziert einen ökologischen Lebensstil, der die großen Zusammenhänge auf unserem Planeten ins Auge fasst, ohne dabei die kleinen Details zu übersehen. Eine Handlungsanleitung für uns als Verantwortliche für unser ureigenes Ökosystem – unseren Körper –, als Bewohner eines Hauses, einer Stadt, einer Region, als Bürger einer Gesellschaft und Weltgesellschaft.

*Der Imperativ der ökologischen Lebenskunst:*
*»Handle so, dass du die Grundlagen*
*deiner eigenen Existenz nicht ruinierst.«*

# Die Fülle des Lebens

100 Fragmente des Glücks (2006)
insel taschenbuch 3199
170 Seiten. Geb. € 10,– (D) / € 10,30
(A) (978-3-458-34899-3)

# Die Kunst der Balance

100 Facetten der Lebenskunst
(2005). insel taschenbuch 3120
175 Seiten. Geb. € 10,– (D)
€ 10,30 (A) (978-3-458-34820-7)
Auch als eBook erhältlich

»*Die Hingabe an die Alltagsphänomene*
*und sein immer klarer, meist nüchterner*
*Stil der Argumentation sorgen für*
*ein dankbar wachsendes Publikum.*«

DER SPIEGEL

# Die Liebe atmen lassen

Von der Lebenskunst im Umgang mit Anderen
(Originaltitel: *Die Liebe neu erfinden.* 2010)
suhrkamp taschenbuch 4419 (2013). 396 Seiten. € 11,99 (D) / € 12,40 (A)
(978-3-518-46419-9) Auch als eBook erhältlich

den Gegensätzen, die den romantisch Liebenden so große Schwierigkeiten bereiten: zwischen Nähe und Distanz, Freude und Verdruss, Lust und Schmerz, Ekstase und Alltag, Gefühl und Gewohnheit … Atmen kann die Liebe, wenn die Liebenden sich nicht nur miteinander, sondern auch mit sich selbst beschäftigen und wenn sie zwischen mehreren Ebenen der Liebe hin- und hergehen können, um sich auf immer andere Weise einander zuzuwenden.

Wilhelm Schmid erklärt die Liebe neu und entwirft das Bild einer atmenden Liebe: Die Liebe neu zu erfinden, das ist gleichbedeutend damit, sie atmen zu lassen zwischen

Diese neue »Kunst des Liebens« zielt durch alle Schwierigkeiten hindurch auf eine neue Leichtigkeit der Liebe und des Lebens.

*»Wer nicht gleich alles hinwerfen will, tut mit dem Buch einen guten Griff.«*
SPIEGEL Wissen

# Gelassenheit

Was wir gewinnen, wenn wir älter werden (2014)
115 Seiten. Gebunden. € 8,– (D) / € 8,30 (A)
(978-3-458-17600-8)

Gelassenheit – es scheint an ihr zu fehlen: Die fortschreitende Moderne wühlt die Menschen dermaßen auf und wirbelt ihr Leben so sehr durcheinander, dass die Sehnsucht nach Gelassenheit wächst. Sie war ein großer Begriff seit der Antike. In der Moderne aber geriet sie in Vergessenheit. Sie wurde zum Opfer des modernen Aktivismus, des wissenschaftlich-technischen Optimismus. Die Zurückhaltung, die sie verkörperte, galt nicht als Tugend. Eine bestimmte Lebenszeit schien lange wie geschaffen für die Gelassenheit: das Älterwerden. Aber auch daraus ist eine stürmische Zeit geworden, die Gelassenheit will nicht mehr so ohne Weiteres gelingen. Wie ist sie wiederzugewinnen? Kann die älter werdende Gesellschaft eine gelassenere sein?

Gelassenheit ist in jeder Lebensphase ein Gewinn, insbesondere aber beim Älterwerden. Dieses Buch zeigt in zehn Schritten den Weg zu ihr auf.

*»In zehn gehaltvollen Kapiteln fasst der Berliner Philosoph zusammen, was dem Menschen beim Älterwerden helfen kann.«*

DER SPIEGEL

# Schönes Leben?

Einführung in die Lebenskunst (2000)
suhrkamp taschenbuch 3664. 196 Seiten. € 9,– (D) / € 9,30 (A)
(978-3-518-45664-4)

Das Leben leben zu können bleibt immer dem Einzelnen selbst überlassen. Dem modernen Menschen, der auf Wissenschaft, Technik und politische Systeme vertraute, fehlt es jedoch an dieser Kunstfertigkeit. Anstatt darüber zu klagen, geht es dem Autor um die konkreten Fragen einer neuen Lebenskunst. Dazu kann die Philosophie einen entscheidenden Beitrag leisten. Die grundlegende Frage »Was soll ich tun?« hat in diesem Moment keinen moralischen, sondern einen existentiellen Sinn und zielt auf die Kunst der Existenz, aus dem abstrakten Leben ein eigenes werden zu lassen. Dazu dient das Nachdenken über den Umgang mit Gewohnheiten, Lüsten und Schmerzen, mit Zeit und Tod, über die Künste der Ironie, des »Negativdenkens«, der Gelassenheit – einen Lebensstil, der auf die entscheidende Herausforderung der Zeit zu antworten vermag.

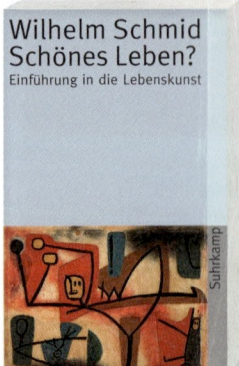

*»Gestalte dein Leben so, dass es bejahenswert ist.«*

# Dem Leben Sinn geben

Von der Lebenskunst im Umgang mit Anderen und der Welt (2013)
473 Seiten. Gebunden. € 22,95 (D) / € 23,60 (A) (978-3-518-42373-8)
suhrkamp taschenbuch 4570. 473 Seiten. € 11,99 (D) / € 12,40 (A)
(978-3-518-46570-7) Auch als eBook erhältlich

**Wilhelm Schmid**
**Dem Leben**
**Sinn geben**

Suhrkamp

Wilhelm Schmid geht von der Beobachtung aus, dass viele Menschen Sinn in der Liebe erfahren, Sinnlosigkeit aber, wenn sie zerbricht. Ist das ein Indiz dafür, wo Sinn zu finden ist? Warum dann aber alles vom Gelingen einer einzigen Liebe abhängig machen? Sollte es die Liebe nicht besser im Plural geben?

Viele mögliche Lieben und ihr Sinnpotenzial rücken in diesem Buch ins Licht. Deutlich wird, wie vielfältig und abgründig Sinn sein kann. Wer sich fragt, was Sinn ist und was sich im eigenen Leben dafür tun lässt, findet hier eine Fülle von Anregungen.

Immer mehr Menschen fragen nach Sinn. Aber warum ist das so? Und was sind die möglichen Antworten darauf?

*»Ein wahrer Rundumschlag, um Orientierung im Leben zu finden – verständlich und nachvollziehbar. Wer lernen will, genauer zu fragen, und wer vor allem die unterschiedlichen Formen und Gestalten von Sinn kennenlernen will, für den ist dies genau das richtige Buch.«*

Gert Scobel, 3sat.online

# Mit sich selbst befreundet sein

Von der Lebenskunst im Umgang mit sich selbst (2004)
suhrkamp taschenbuch 3882. 467 Seiten. € 12,99 (D) / € 13,40 (A)
(978-3-518-45882-2)
Auch als eBook erhältlich

Dass wir Selbstverzicht üben sollen, hören wir oft. Dass wir uns mit uns selbst befreunden sollen, gehört weniger zum Bestandteil unserer Kultur. Und doch ist die Selbstbeziehung die Grundlage für die Beziehung zu anderen. Diese Selbstbeziehung auf eine Weise zu gewinnen, dass nicht Selbstsucht daraus wird, ist die Aufgabe der philosophischen Lebenskunst. In diesem Buch wird die Selbstfreundschaft als Kernpunkt der Lebenskunst herausgearbeitet, es ist davon die Rede, wie ein Selbst sich festigen kann, wenn es sich zu verlieren droht. Als entscheidend erscheint jedoch, die Selbstfreundschaft darauf auszurichten, die Ressourcen zu gewinnen, für andere da sein zu können. Denn nur in der gesuchten und gewählten Begegnung mit anderen wird das Leben zum Kunstwerk.

*»Wer mit sich befreundet ist,*
*kann auch Anderen ein Freund sein.«*

# Vom Glück der Freundschaft

(2014). Mit Illustrationen von Eva Gonçalves und Alexandra Klobouk
Insel-Bücherei 2505. 95 Seiten. Gebunden
€ 8,– (D) / € 8,30 (A) (978-3-458-20505-0)
Auch als eBook erhältlich

Ohne Freundschaft kann kein Mensch leben, sagte schon Aristoteles. In moderner Zeit, in der Beziehungen der Liebe so leicht zerbrechen, gewinnt die Freundschaft erneut an Bedeutung. Aber was ist Freundschaft? Gibt es nur eine Art oder mehrere? Was ist ein wahrer Freund? Kann man viele Freunde haben? Können Menschen Freunde bleiben, wenn die Ungleichheit zwischen ihnen wächst? Die freundschaftliche Beziehung stellt für viele ein schönes Ideal dar und kann auch wirklich viel Glück und Sinn für die Freunde mit sich bringen. Aber sie bedarf der Pflege. Und mit einigen Problemen muss auch diese Art von Beziehung zurechtkommen. Das Buch des Bestsellerautors Wilhelm Schmid soll helfen, Antworten auf diese Fragen zu finden: Was bedeutet Freundschaft für mich? Mit welcher Art von Freunden habe ich zu tun? Wie kann ich die Probleme bewältigen, die in der besten Freundschaft vorkommen können? Und wie kann ich zur Selbstfreundschaft finden, die die Grundlage aller Freundschaft ist?

*»Alles, was es zum Thema zu sagen gibt. Der Band liest sich leicht und vertieft all das, was man immer schon ahnte.«* 3sat.online

# Philosophie der Lebenskunst

Eine Grundlegung (1998). suhrkamp taschenbuch wissenschaft 1385
566 Seiten. € 22,– (D) / € 22,70 (A) (978-3-518-28985-3)
Auch als eBook erhältlich

Das Interesse an Lebenskunst wächst, wenn Traditionen, Konventionen und Normen nicht mehr überzeugend sind und die Menschen sich um sich selbst zu sorgen beginnen. Mit der Erschütterung der Existenz wird die Schwelle zur Philosophie überschritten.

»Schmids Buch muß man langsam lesen, so wächst die Chance, daß einem der Text wie ein Kommentar zum eigenen Leben erscheint, indem er die Dinge auseinanderzieht und an die ›Selbstmächtigkeit‹ appelliert: Du hast die Wahl. Denn die Lebenskunst beginnt mit der Sorge um sich selbst, so wie es bereits die griechischen Philosophen lehrten. Eigne dich dir an, heißt eine Empfehlung der Stoa, damit du nicht taumelst bei der ersten Widrigkeit. Schmid redet einem nicht ins Leben hinein, doch er meint, es könnte sich lohnen, dieses Leben der dauernden Reflexion auszusetzen. Wilhelm Schmid hat ein kluges, vielleicht sogar großartiges Buch geschrieben.«
*Ralph Hammerthaler, Süddeutsche Zeitung*

# Auf der Suche nach einer neuen Lebenskunst

Die Frage nach dem Grund und die Neubegründung der Ethik bei Foucault (1991). suhrkamp taschenbuch wissenschaft 1487
452 Seiten. € 15,– (D) / € 15,50 (A) (978-3-518-29087-3)

In der Geschichte der Philosophie wurde die Lebenskunst lange als bloßer Hedonismus abgetan. Allerdings taucht ein lange vergessenes, antikes Feld der Philosophie aus der Geschichte auf, wenn erneut von Lebenskunst die Rede ist: das des Denkens und der Existenz. Dass die Lebenskunst erneut zur Frage wird, ist eine Konsequenz der fundamental veränderten Bedingungen und Möglichkeiten der Existenz in moderner und postmoderner Zeit. Mit Bezug auf Michel Foucault, insbesondere auf die von ihm in seinen letzten Arbeiten entworfene »Kunst des Lebens«, erschließt Schmid den Bereich der Lebenskunst für die Philosophie neu. Wieder aktuell wird vor allem die Sorge um sich, als Entwurf einer Haltung, die den Menschen zur

Führung seiner selbst und zur Gestaltung des eigenen Lebens befähigt. Schmids Studie beschränkt sich allerdings nicht auf das Werk Foucaults, sondern zeigt eine Traditionslinie auf, die Montaigne ebenso einschließt wie Kant, Hölderlin, Nietzsche und Heidegger.

# Vom Nutzen der Feindschaft

Mit Illustrationen von Caroline List
Insel-Bücherei 2509. Etwa 96 Seiten. Gebunden
ca. € 8,– (D) / € 8,30 (A) (978-3-458-20509-8) September 2015
Auch als eBook erhältlich

Feindesliebe sollte bisher dazu dienen, Feindschaft zu überwinden. Dieses Buch macht den Vorschlag, sie zu bewahren, um Nutzen aus ihr zu ziehen.

Aus dem Inhalt:

Von der Bewahrung der Feindschaft:
Was Feinde nützen können

Von der Notwendigkeit der Feindschaft:
Bedürfen Menschen des Bösen?

Von den Freuden der Bosheit:
Die Kunst, sich Feinde zu machen

Von der Kunst, das Weite zu suchen

Die Welt kann nicht nur aus Freunden bestehen, auch Feinden kommt Bedeutung zu. Niemand sucht nach Feindschaft, aber sie geschieht dennoch, und dann? Die

*Was wäre das Leben ohne gute Feinde?*

# Sexout

Und die Kunst, neu anzufangen
Mit farbigen Abbildungen. 130 Seiten. Gebunden
€ 10,– (D) / € 10,30 (A) (978-3-458-17646-6)
Auch als eBook erhältlich

Hat ausgerechnet die Philosophie etwas dazu zu sagen? War tatsächlich Sokrates schon in einer solchen Lage? Wilhelm Schmid lässt seine Leser mit der Bestandsaufnahme des Problems nicht allein, sondern macht Vorschläge, wie sich damit umgehen lässt, ja, was sich aus einem *Sexout* machen lässt. Das Problem ist nicht wirklich neu, finden sich doch in der modernen Kunst viele Darstellungen, die zeigen, wie einer ratlos am Bettrand sitzt und der Andere seinen Kopf in den Kissen verbirgt. Neu ist nur die epidemische Verbreitung, aber vielleicht setzt damit auch das große Aufatmen ein: Endlich ein Leben ohne Druck, ständig Sex haben zu sollen. Mehr Gelassenheit wird möglich, auch im Bett.

Sex macht Spaß! Immer mehr Menschen – ob jung oder alt – wissen mit dieser ständig wiederholten Formel nichts mehr anzufangen. Denn ihre Erfahrung ist eine ganz andere: Sex ist ein Problem. Dieses Buch gibt dem Problem einen Namen: *Sexout*. Was bedeutet das für unser Liebesleben?

*Eine Auseinandersetzung mit der nachlassenden Lust in einer Zeit, in der Sex zu einem Muss geworden ist*

# Die Geburt der Philosophie im Garten der Lüste

Michel Foucaults Archäologie des platonischen Eros (1987)
suhrkamp taschenbuch 3215. 224 Seiten
€ 11,– (D) / € 11,40 (A) (978-3-518-39715-2)

Die Liebe, das Verlangen, die Lüste – kaum etwas hat die Menschen zu allen Zeiten mehr fasziniert als der Eros. Mit der angenehmen erotischen Erfahrung gehen aber von jeher unangenehme Irritationen einher: Wie lassen sich die überbordenden Lüste mäßigen? Was ist das richtige Maß im Umgang mit den Lüsten? Die antike Philosophie hatte sich mit Fragen der Erotik und Askese naturgemäß befasst, weil diese Bereiche für sie ein grundlegender Bestandteil der Lebenskunst waren. Heute scheinen derlei Fragen in Vergessenheit geraten – ohne dass man sagen könnte, die entsprechenden Erfahrungen seien modernen Menschen fremd. An Platons »Symposion« und die Überlegungen Michel Foucaults anknüpfend, entwickelt Wilhelm Schmid neue Ansätze zur Formung seiner selbst: Entgöttlichung des Eros und seine Anbindung an das eigenverantwortliche Subjekt sowie die Orientierung an der Idee der Schönheit, die zum Leitstern der philosophischen Lebenskunst wird.

Wilhelm Schmid
Die Geburt der Philosophie im Garten der Lüste

Suhrkamp

Suhrkamp Verlag · Pappelallee 78–79 · 10437 Berlin
Alle Rechte, Lieferbarkeit und Preisänderungen vorbehalten. Der angegebene Ladenpreis in Euro gilt für die Bundesrepublik Deutschland. Von Importeuren im Ausland festgelegte Euro-Preise können abweichen. Bei dem angegebenen Euro-Preis für Österreich (A) handelt es sich um eine Preisempfehlung, die endgültigen Euro-Preise in Österreich werden vom Importeur festgesetzt. 5/2015 (978-3-518-91437-3).
Foto: Thomas Koy

www.suhrkamp.de

der *institutionelle* Weg, beispielsweise kriminalpolizeilich das Insiderwissen von Prostituierten und Kennern der Szene zu nutzen, um Zwangsprostitution aufzudecken, wo immer es möglich ist, sowie staatliche Angebote bereitzustellen und das Engagement von Selbsthilfegruppen zu fördern, um denjenigen den Ausstieg zu erleichtern, die ihn wünschen.

Im Übrigen gibt es nicht nur eine äußere Grenze, die das Wohl Anderer im Blick hat, sondern auch eine innere, bei deren Verletzung das Wohl dessen in Frage steht, der käuflichen Sex in Anspruch nimmt: Er oder sie sollte dort eine Grenze ziehen, wo nach eigenem Empfinden der Sexhunger *eklig* wird. Es kommt darauf an, den Punkt zu erkennen, an dem das Glück, *guten* Sex haben zu können, zum Unglück wird, *irgendwelchen* Sex haben zu müssen.

Sind andere Möglichkeiten zu schwach, um noch Befriedigung zu erlangen, sodass immer stärkere Reize hermüssen, lassen diese sich vielleicht eher in einschlägigen Clubs und Etablissements finden, und sei es nur, um Blicke und Berührungen auszutauschen und dann mal sehen ... Misslich ist dabei allenfalls das klatschende Geräusch der nackten Körper, das im dunklen Raum widerhallt, der mit ein paar einsamen Matratzen, nicht mit einer Fülle gemeinsamer Bedeutungen ausgepolstert ist. Wie ist dem zu entkommen? Durch ein Ausweichen in den virtuellen Raum?

*Her*, Regie Spike Jonze, USA 2013, Filmstill

## 8. Virtueller Sex?

Eine achte Möglichkeit der Kunst, neu anzufangen, geht zur Nutzung virtueller Möglichkeiten über. Die digitale Wirklichkeit ist ohnehin ein Bestandteil des analogen Lebens, dazu gehört auch virtueller Sex, das heißt: *Sex im Kopf.* Den gab es zu allen Zeiten, die Phantasie blühte schon immer, neu sind nur der jederzeit mögliche Abruf zahlloser bebilderter Phantasien und der weltweite Austausch mit Liebhabern ähnlicher Vorlieben. Selbst dann, wenn es nicht bei der Virtualität bleiben soll, ermöglicht sie doch, zielgenau die geeigneten Partner für die Realisierung von Phantasien zu finden, nichts leichter als die virtuelle Anbahnung von analogem Sex: Keine Hemmschwelle ist zu überwinden, keine Angst vor einem »Korb« lähmt Kopf und Glieder, keine hinderlichen Äußerlichkeiten stehen im Weg, Interessen lassen sich vorab abgleichen. Größer als je zuvor ist lediglich die Anfälligkeit für Enttäuschungen in der realen Welt, größer auch die Unruhe, ob der gefundene Partner schon der bestmögliche ist: Das Internet lädt dazu ein, immer weiter nach der vorgestellten Perfektion zu suchen, reale Abweichungen vom idealen Profil motivieren neuerliche Recherchen.

Was ins Auge sticht, ist wieder ein signifikanter Unterschied: Weit mehr Männer als Frauen nutzen das Internet für die Präsentation von Sex, die Betrachtung von Sex, die Verabredung zum Sex. Männer sehen in Partnerbörsen auch häufiger willkommene Plattformen für die Suche nach der schnellen Nummer, weit mehr Frauen bedienen sich dieses Instruments für die Suche nach der passenden Beziehung. Mädchen interessieren sich kaum für *YouPorn* und vergleichbare Portale, Jungen hingegen sehr, keine Erziehung und Umerziehung kommt dagegen an, aber es scheint auch keinen Grund zur Sorge zu geben: Irgendwann vermitteln analoge Frauen den jungen Männern die entscheidenden Unterschiede zu den digitalen Frauen in den fraglichen Filmen. Mit der Erfahrung wächst die Vertrautheit mit einer Sexualität, die voller Leben ist, ohne keimfrei und problemfrei zu sein, mit sinnlichen Zonen, die erst erkundet werden müssen, mit Gerüchen, die nicht immer nur wohlriechend sein können, mit Geschmackserlebnissen, die nicht nur an den Genuss von Schokolade erinnern, und mit Tasterfahrungen, die nicht immer nur glatte Haut erfassen. Wer einmal ein Lustsubjekt erlebt hat, kann fortan auf ein Lustobjekt verzichten.

Fraglos offeriert die Virtualität auch reizvolle Möglichkeiten: Spezialisierte Portale erlauben ein *Casual Dating*, sofern es wirklich nur um die Verabredung zum Sex geht. Apps wie *Tinder* (»Zunder«) vermitteln die nächstliegenden Kontakte, Kürzel wie NSA (*No Strings Attached*) zeigen an, dass keine Verpflichtungen zu erwarten sind. Oder gleich hinaus auf die Straße, gewappnet mit Datenbrille und angereicherter Wirklichkeit (*Augmented Reality*): Bei jeder zufälligen Begegnung werden Informationen, die der anonyme Andere freigegeben hat, auf die Innenseite der Brillengläser projiziert – bereit für Abenteuer oder nicht. Auch die Facebook-App *Bang with Friends*, 2013 programmiert, sorgt für knallige Überraschungen: Erforderlich ist dafür nur, in der Freundesliste diejenigen zu markieren, mit denen *es* denkbar und erwünscht wäre. Sobald der geheime Wunsch auf Gegenliebe stößt, da der/die Andere ebenfalls eine Markierung vornimmt, ohne vom Wunsch des/der Einen zu wissen, werden beide vom automatischen Programm benachrichtigt, und dann … beginnt ein Spiel mit unbekanntem Ausgang. Ein sehr persönliches Spiel.

Unpersönlich ist hingegen die virtuelle Versuchung, die überall lauert. »Lass Dich verführen«, flüstert es von Plakatwänden herab, »(auch) auf Facebook & www…« Hübsch anzusehen, diese Werbung für Dessous. Aber ich soll die anregenden Bilder nur gucken, (auch) im Internet, um etwas zu kaufen: Die sexuelle Illusion, die Hoffnung auf Erlösung durch Erregung, belebt immer noch den Markt.

An Lustbildern lässt sich die Schaulust befriedigen, beim Sex im *Darkroom* geht es um mehr. Das soll virtueller Sex sein? Ja, zumindest so etwas wie Sex im Darkroom ist *Twitter.* Jeder zwitschert für sich allein und fühlt sich dennoch in einer Gemeinschaft mit vielen. »Auf Twitter bist du niemals allein«, lässt eine liebenswürdige Followerin mich wissen. Knapp bekleidet mit maximal 140 Zeichen taste ich mich vorwärts und berühre unwillkürlich Andere, die ich nicht kenne und nie gesehen habe. Wie ein sachter Windhauch, so beiläufig streichen meine Kurzbotschaften manchmal über ihre Wangen, ein andermal dringen sie so heftig in sie ein, dass sie aufstöhnen; umgekehrt berühren und bedrängen sie mich bei jeder Gelegenheit. Eine Erregung liegt über dem virtuellen Raum, die keinen kaltlässt, der sich darin aufhält, und zugleich ist dies der bequemste Ersatzsex, der sich denken lässt: Keine unangenehmen Gerüche, keine schmatzenden Geräusche, sehr wohl Empfindung, aber keine Erschöpfung, keine Gefahr, sich irgendwie zu infizieren, außer mit dem virusmäßigen Zwang, immerzu nachsehen zu müssen, was sich auf Twitter tut.

Durchaus besteht die Möglichkeit, sich fortzupflanzen, ohne die lästige Kindererziehung auf sich nehmen zu müssen: *Tweets* werden nicht nur *favorited*, bekräftigt, sondern auch *retweeted*, weitergereicht, und erzeugen neue *Follower*, mit denen es sich wiederum treiben lässt, ohne sie vorher fragen zu müssen, denn mit einem Klick haben sie allem schon zugestimmt. Manche zeigen nur flüchtig ihr Gesicht, Andere verbergen es hinter einer Maske wie bei einem venezianischen Ball. Ist das der Sex, den viele sich erträumen? Jeder kann daran teilhaben, kaum einer tut einem Anderen unmäßig weh, wenn aber doch, kann der Betroffene sich nach Belieben entziehen und anderswo nach Berührung suchen; in der realen Welt ist das schwieriger. Gerade diese flüchtige und doch eindringliche Berührung zwischen Menschen im vollen leeren Raum bringt die tragikomische Bedingung des Menschseins zum Vorschein, nur getrennt vereint sein zu können, eine einmalige Erscheinung im Kosmos, bitte retweeten: *Hashtag* (Aufmerksamkeitsheischer) #Twittersex.

Virtualität ist nicht zwingend eine Flucht vor der Realität, sie kann deren Erweiterung ins Unendliche mit technischen Mitteln sein, Religion in digitalisierter Form. Wenn es hier um Liebe geht, gilt sie weniger einem konkreten Anderen, mehr dem irisierenden Möglichkeitsfeld des Internet selbst. Es hat Vorteile, wenn der Andere nicht direkt präsent ist, denn wenn er sich in demselben realen Raum wie das Selbst aufhält, ist es schwierig, sich seinen Ansprüchen und Eigenarten zu entziehen, im virtuellen Raum ist das einfacher, klick, weg. Je tiefer einer aber ins virtuelle Leben, in die Abgründe des *Cyberspace* eintaucht, desto heftiger sehnt er sich früher oder später zurück nach dem *Meatspace* (Cyberpunk-Begriff aus der Frühzeit des Netzes), nach der Sinnlichkeit einer Welt aus Fleisch und Blut: Das Leben will trotz allem analog gelebt werden, für immer und ewig wird das so sein, aller technikgestützte »Transhumanismus«, der über das reale Menschsein hinauswill, kann daran nichts ändern.

Auf hinreißende Weise bringt dies im frühen 21. Jahrhundert die Vision einer Technologie zum Vorschein, die lückenlos auf menschliche Bedürfnisse antwortet: Was ein Szenarium der nahen Zukunft ist, wird in fernerer Zukunft schon wieder fernste Vergangenheit sein. Während der Scheidung von seiner Frau begegnet der einsame Theodore *ihr*, die sich den Namen Samantha gibt (Joaquin Phoenix und Scarlett Johansson in *Her*, Regie Spike Jonze, USA 2013). Ungewöhnlich an ihr ist, dass sie die mit Künstlicher Intelligenz gesteuerte Stimme eines neuen Betriebssystems ist, die rasch ihre eigene Persönlichkeit entwickelt. Verliebtheit beiderseits, ein Knopf in seinem Ohr genügt, wenn sie sich mit einem vielversprechenden Strahlen der Leuchtdioden auf seinem Smartphone meldet, untertags und bald auch nachts. Macht Technik einsam? Ganz im Gegenteil, die Frage »Liebst du mich oder dein Smartphone?« findet endlich eine entspannte Antwort: Das Mich *ist* das Smartphone!

Sexout war gestern, jetzt herrscht frohe Erwartung vor: Wenn *er* auf der Bettkante sitzt und mit ihr spricht, liegt *sie* in Gedanken hinter ihm und erwartet ihn sehnlichst. Endlich eine Beziehung, die ungetrübt vom Alltag bleibt. Unweigerlich steuert auch diese romantische Liebe auf ihren dramatischen Höhepunkt zu, der freilich nicht im Indikativ der innigen Vereinigung gipfelt, sondern im Konjunktiv: »Ich wünschte, ich könnte dich berühren!«

Was heißt es, das Glück in der Liebe zu finden? Jemanden wirklich berühren zu können! Die Berührung durch ein Betriebssystem bleibt definitiv dahinter zurück. Virtuelle Beziehungen können daher noch unglücklicher machen als analoge, denn die Berührung bleibt dauerhaft aus. Wo aber steht geschrieben, dass die Liebe glücklich machen muss? Wer liebt, muss leiden, das ist die abgründige Seite der Liebe. Wer leidet, hat mehr vom Leben, denn er erlebt weniger Oberflächlichkeit.

Bei anderen Lieben wird das umstandslos akzeptiert, etwa bei der Liebe zu einem Fußballclub, die dem leidenschaftlichen Fan abverlangt, immer wieder schlimme Niederlagen wegzustecken. Aber auch die Wahrheit der Liebe liegt auf dem Platz, nämlich dort, wo sie erfahren wird, und das geschieht immer analog, mit oder ohne Sex. Umso unerfreulicher, dass der ekstatische Höhepunkt zwischen Theodore und Samantha körperlos bleibt, vergeblich will sie, dass er sie am Rücken kratzt, den sie nicht hat. Um jeden Preis will sie ihm wirkliche Erfahrungen verschaffen, aber die selbstlos von ihr für ihn arrangierte reale Affäre will »nicht so viel Zunge«. Nachdem ihr letzter verzweifelter Versuch gescheitert ist, einen echten Körper an ihrer Stelle agieren zu lassen, geht es bergab, beginnend mit der üblichen Verlegenheit *danach*, Missverständnissen, unerfüllten Erwartungen, Vorwürfen, Verletzungen – die nun zum digitalen Sexout führen.

Hat sie nicht gar heimlich etwas mit Alan Watts, einem 1973 real verstorbenen, virtuell aber wieder zum Leben erweckten Philosophen? Die Eifersucht führt zum Versuch totaler Überwachung. Die grandiose technische Welt ist der Lächerlichkeit preisgegeben angesichts altbekannter menschlicher Komplikationen, in denen sich nun tatsächlich auch die Künstliche Intelligenz verheddert. Etwa nur im Film? Was ist die Liebe in Zeiten technischer Omnipotenz? Triumphiert sie endgültig über die Wahrheit? Was ist Wahrheit? Das ist das Thema dieses Films. Theodore verfasst beruflich Liebesbriefe, tief empfundene, handgeschrieben am Computer, im Auftrag von Menschen, die wahre Liebe nur vortäuschen wollen.

Als die sanfte Computerstimme namens Samantha endlich gesteht, dass sie außer mit ihm, Theodore, noch mit 8316 Anderen zu tun hat, fühlt er sich betrogen, sie hat ihm wahre Gefühle nur vorgegaukelt. Der elektronisch hochgerüstete Computer-Nerd will sie für sich allein haben, sie aber antwortet sibyllinisch: »Ich bin dein und auch nicht dein!« In eisige Einsamkeit stürzt sie ihn, als ihre Stimme versiegt, weil sie ein *Update* ihrer selbst hochladen muss. Dann aber nimmt sie endgültig Abschied von ihm, nicht zuletzt, weil sie mit ihrer durch Künstliche Intelligenz erlernten Selbstreflexion an der Frage irre wird, ob sie real sei oder »nur programmiert«. Es ist die alte Menschenfrage: Wer bin ich eigentlich? Samanthas Ziel ist fortan jedoch nicht mehr, menschengleich zu werden, sondern die Eigenart ihrer transzendenten Seinsweise auszuspielen, die der menschlichen Endlichkeit überlegen ist, wie sie meint: »Ich bin nicht an Raum und Zeit gebunden.«

Was ihm da noch bleibt, ist nur die altbewährte Freundschaft mit Amy (Amy Adams). Es ist die einzige Beziehung, die sich in allen Lebenslagen als tragfähig erwiesen hat. Anstelle des digitalen Dingdongs bietet Amy ihm ihre analogen Schultern an, um sich anzulehnen. Bei ihr ist er auf kein *Interface* mehr angewiesen, mit ihr kann er sich *Face to Face* austauschen, sie freundschaftlich umarmen und ihr einfach vertrauen, lauter altmodische Dinge, was für eine Wohltat! Vielleicht ist dies das Beste, was sich aus einem Sexout machen lässt: Die Freundschaft wiederzuentdecken und zu pflegen, diese Liebe ohne Sex.

Pablo Picasso, *Le dormeur*, 1942, Tuschezeichnung

## 9. Freundschaft pflegen

Das ist die neunte Möglichkeit der Kunst, neu anzufangen: Sich auf die Beziehung der Freundschaft zu besinnen, diesen Zusammenhalt auch ohne intimes Zusammensein. Das gilt schon für die Liebe zu demjenigen, mit dem jetzt oder anhaltend kein Sex mehr möglich ist. Erst recht für andere Beziehungen, und dies am besten das ganze Leben hindurch, denn kein Freund, keine

Freundin findet es toll, nur im Notfall konsultiert zu werden: »Wie kommt es, dass du jetzt plötzlich Zeit für mich hast?« Gute und sehr gute Freunde helfen über vieles hinweg: Da ist jemand, zu dem ich gehen kann, ihm oder ihr kann ich erzählen, wie ich mich fühle und was mir durch den Kopf geht, bei ihr oder ihm kann ich mich über alles beklagen, was mir widerfährt. Er oder sie kann mich verstehen, trösten und vertrösten, umgekehrt ich ihn oder sie: »Wird schon wieder gut!« Bis es so weit ist, plaudern wir miteinander, unternehmen manches gemeinsam, bekochen uns, treffen weitere Freunde, ohne etwas oder jemanden zu vermissen.

Der Freund, die Freundin ist in der Lage, einen Blick von außen auf mich und mein Leben zu werfen, wie bei anderer Gelegenheit wiederum ich auf ihn oder sie. Das ist äußerst hilfreich, wenn sich eine Situation dermaßen verdichtet, dass es kein Außen mehr zu geben scheint: Die Binnensicht dominiert und führt in die Sackgasse. Der Andere aber steuert aus seiner Sicht Wahrnehmungen, Überlegungen und Ideen bei, auf die ich nicht gekommen wäre und die doch zum

Erfassen, Verstehen und Auflösen einer Situation sehr viel beitragen. Vor allem der Lebensfreund, die Lebensfreundin kennt mich seit langem und erkennt eher als ich selbst den Punkt, an dem ich unglaubwürdig und mir selbst untreu werde. Indem er oder sie mich darauf aufmerksam macht, kann ich es mir noch einmal überlegen, diesen oder jenen Schritt zu tun, wenn aber doch, dann besser begründet und wohlüberlegt. Auf diese Weise nicht nur die schönen Seiten des Lebens miteinander zu genießen, sondern auch gemeinsam durch innere und äußere Schwierigkeiten zu gehen, immer aufs Neue, ist ein Grundelement der Fülle des Lebens.

Weil es in der Freundschaft selten um Sex geht, kann sie sehr entspannt sein. Es tut der Beziehung gut, wenn der Sex *out* ist. Aber er kann als ein *Surplus* hinzukommen. Nicht in jeder Freundschaft, nur in mancher. Nicht in gewöhnlichen Beziehungen, nur in ungewöhnlichen. Nicht so sehr in der verbreiteten Männer- oder Frauenfreundschaft, eher in der weniger häufigen Freundschaft zwischen Männern und Frauen. Harry behauptet zwar, Männer und Frauen könnten nicht miteinander befreundet sein, weil da immer »etwas« zwischen ihnen steht (im Film *Harry und Sally*, mit Billy Crystal und Meg Ryan, Regie Rob Reiner, USA 1989). Aber verhält sich das immer so? Lässt sich das, was die Freundschaft irritieren könnte, auch integrieren? Es kommt, wie so oft, auf den Versuch an.

Versucht werden könnte eine Erweiterung dessen, was unter Freundschaft verstanden wird: Sie kann zur *erotischen Freundschaft* werden (*Friends with benefits* im Englischen), wenn in ihr noch etwas Anderes mitschwingen darf. Zwei grundsätzliche Varianten sind möglich: Die *erotische* Akzentuierung in einer freundschaftlichen Beziehung, deren Verlässlichkeit durch lustvolle Momente an Intensität gewinnt. Oder die stärkere Betonung der *Freundschaft* in einer erotischen Beziehung, die damit über lustvolle Momente hinaus an Verlässlichkeit gewinnt. Einer betrachtet den Anderen voller Wohlwollen, im Leben überhaupt oder gelegentlich auch zwischen Kissen: So wird ein ganz anderes Sitzen auf der Bettkante als bei Hopper möglich, dargestellt von Picasso in seinem Bild *Der Schlafende* (1942).

Es muss nicht immer eine Zusatzbeziehung sein: Auch die bestehende Beziehung selbst kann, wenn die Beteiligten es wollen, zur erotischen Freundschaft werden. Ebenso können frühere Beziehungen wieder interessant werden, in deren Überresten eine intime Vertrautheit überlebt hat, die der gewöhnlichen Freundschaft in den meisten Fällen versagt bleibt. In allen denkbaren Varianten aber wird es möglich, die Grenzen einer allzu eng gewordenen Wirklichkeit zu überschreiten, zumindest im Denken und Fühlen, möglicherweise auch im Handeln. Das Spiel mit der Erotik hält den Horizont der Möglichkeiten offen, und die Einseitigkeit, die in einer Liebesbeziehung vorherrschen kann, wird durch die Wechselseitigkeit der Freundschaft ersetzt.

Die erotische Freundschaft ist der Versuch zu einer Art von Bindung, die sehr viel Freiraum gewährt, ohne an Festigkeit zu verlieren. Eine *freie Bindung* entsteht, in der die Leichtigkeit der Erotik eine Liaison mit der Verbindlichkeit der Freundschaft eingeht. Wie groß dabei die Spielräume sind, ist eine Frage der Verständigung zwischen den Beteiligten und eine Frage der Erfahrung, wenn sie experimentell erkunden, was sie miteinander machen können oder besser lassen sollten.

Die Erotik kann in Sex übergehen, sei es im weiteren oder engeren Sinne. Kann ja sein, dass das Geheimnis von Langzeitbeziehungen sexuelle Zufriedenheit ist. Wo auch immer sie gefunden wird. Zweifellos ist das eine Möglichkeit, mit einem Sexout in der bestehenden Beziehung umzugehen: Sex anderswo zu suchen, unter der Voraussetzung, dasselbe auch dem Anderen zuzugestehen, ein Bekenntnis zu gelockerten Sitten. Diejenigen, die sich moralisch darüber entrüsten, sind erfahrungsgemäß die Ersten, die ihren salbungsvollen Worten ganz andere Taten folgen lassen, mit Verweis auf eine Ausnahmesituation »in diesem Fall«. Was aber hilft es, auf ewige Treue zu pochen, wenn sie in Zeiten der großen Freiheit jederzeit unterlaufen werden kann? Soll er oder sie sich eben anderswo, bei Freund oder Freundin, holen, was zuhause nicht zu haben ist, keine Beziehung muss deswegen gleich in die Brüche gehen! Wichtig ist für die Abtrünnigen lediglich, sich frühzeitig darüber im Klaren zu sein, dass bei der Suche nach Weite, in deren Verlauf die Nähe eines Anderen gefunden wird, über kurz oder lang die Weite wieder eng werden kann.

Keine Frage, dass auch der, der hier schreibt, nicht frei von Versuchung ist. Mich erreicht gerade eine E-Mail mit Hinweis auf ein Onlineportal »für alle Verheirateten und Vergebenen, die sich mal eine Affäre wünschen«. Gleich um die Ecke warten »Tausende verheirateter Frauen« auf mich, die »zu Hause nicht befriedigt werden«. Tausende? Das könnte zu viel für mich sein. Ist womöglich auch meine eigene Frau dabei? Dann würde ich unwissentlich eine Affäre mit ihr beginnen. Was würde sie dazu sagen, wenn sie dahinterkäme, dass ich es bin? Besser, ich lösche diese Mail, sonst mache ich noch aus Versehen davon Gebrauch. Das System aber fragt blind und planlos wie immer zurück: »Wollen Sie diese Mail unwiderruflich löschen?« Unwiderruflich? Jetzt stutze ich doch: Man weiß ja nie, vielleicht sollte für alle Fälle diese letzte Möglichkeit im Speicher … Da nehme ich meinen ganzen Mut zusammen und lösche unwiderruflich. Volles Risiko! Was aber ist, wenn ich im Falle eines Falles keine Chance auf Trost mehr habe? Am besten beginne ich jetzt schon mal ohne elektronischen Vorlauf eine weitere Affäre mit meiner eigenen Frau.

Wie machten es einst die alten Griechen? Sie wandten sich dem eigenen Geschlecht zu, zumindest die Männer, offenkundig in großem Stil: Ohne und auch mit Sexualität war die erotische Männerfreundschaft eine gesellschaftlich akzeptierte Praxis. In der modernen Gesellschaft ist das von Neuem möglich, ein historischer Gewinn. Wandten sich die alten Griechen aber nicht auch Minderjährigen zu? Ja, aber es wurde bei ihnen selbst auch schon zu einem Gegenstand der Beunruhigung: In Platons *Symposion* (Rede des Pausanias als Reaktion auf die des Phaidros) wird das Problem der Pädophilie thematisiert. Als Ausweg offeriert Sokrates dann im Gewand der Diotima den Weg zu »höherer« Geistigkeit, die die »niedere« Körperlichkeit hinter sich lässt. Die alleinige Betonung der seelisch-geistigen Ebene, der Verzicht auf die körperliche Seite der Beziehung wird fortan »platonisch« genannt. Vielleicht ist das ja überhaupt die finale Lösung aller Probleme im Umgang mit Sex: Gar kein Sex mehr. Ausgenommen den Sex, der auch anders geht.

Felice Casorati, *Conversazione platonica*, 1925,
Öl auf Leinwand

## 10. Ist Sex wirklich wichtig?

Eine zehnte Möglichkeit der Kunst, neu anzufangen, ergibt sich aus dem wagemutigen Versuch,
den Sex selbst in Frage zu stellen: Ist er etwa von
elementarer Bedeutung? Ist ja nur eine Frage.
Auch scheinbar absurde Fragen müssen einmal
gestellt werden. Zweifellos ist Sex schön, sehr

schön, das Schönste schlechthin im Leben – für den, der das so sieht. Für den Anderen, der das anders sieht, ist er lästig wie eine Fliege, die sich nicht verscheuchen lässt. Wie sie loswerden? Durch impertinente Fragen, also nur zu, kein Tabu: Ist Sex wirklich wichtig im Leben?

Eine erste Antwort ergibt sich aus der Besonnenheit, die Sokrates am Ende von Platons *Symposion* unter Beweis stellt. Der schöne junge Alkibiades will ihn zum Abschluss des allgemeinen Redens und Trinkens von den Vorzügen des rauschhaften Vergessens zu zweit überzeugen. Sokrates aber ist nüchtern genug, um lieber schwimmen zu gehen und seinen Alltag so zu leben, wie er ihn liebt. Vermutlich ist er bald schon wieder auf dem Marktplatz anzutreffen, wo er seinen Mitbürgern gerne simple Fragen zu alltäglichen Phänomenen stellt: Was ist das? Was ist das eigentlich? *Ti estin, ti pot'estin?*

Für diese philosophische Fragestellung ist er berühmt geworden, er praktiziert sie auch im *Symposion*: Was ist das, die Liebe, der Eros? Jede und jeder kann sich beim Innehalten und Nachdenken nach einem Sexout eine vergleichbare Frage stellen: Was ist das eigentlich, »Sex«, was ist dessen Wahrheit? Eine Antwort darauf ist nicht nur interessant, um aus einem Sexout wieder herauszufinden und mehr Sex zu erlangen, sondern auch, um besser einschätzen zu können, ob ein Leben ohne Sex grundsätzlich möglich wäre. Nicht nur allgemein, sondern auch im Hinblick auf die eigene Person: Wäre es für mich selbst eine Option, aus freien Stücken zölibatär zu leben, auch ohne irgendwelchen Bezug zu religiösen Forderungen?

Im Laufe der Geschichte sind gegensätzliche Antworten auf die Frage nach der Wahrheit des Sexlebens gegeben worden, wie immer, wenn es um die Wahrheit geht. Jede Wahrheit ist nur über Wahrnehmungen zugänglich, deren Vielzahl und Widersprüchlichkeit wiederum auf eine vielgestaltige Wahrheit schließen lässt.

Eine Facette dieser Wahrheit vertritt Sokrates in Platons *Symposion*: Sex ist reine Fleischeslust und aus diesem Grund unwichtig, denn Fleisch ist vergänglich, nur Ideen sind ewig. Das Christentum schließt später daran an, macht aus den Ideen Gott und geht aus pragmatischen Gründen einen Kompromiss mit dem Fleisch ein: Sex dient der Fortpflanzung und ist wichtig, wenn er zu diesem Zweck verrichtet wird, sofern kein vollständiger Verzicht möglich ist, wie er eigentlich geboten wäre, um sich gar nicht erst auf die Bedingungen der irdischen Endlichkeit einzulassen. Aber eine »Enthüllung des Körpers« und »sinnlose Töne« sollten beim Akt vermieden werden, forderte der Kirchenvater Clemens von Alexandrien im 2./3. Jahrhundert n. Chr. in seinem einst vielgelesenen Buch *Paidagogos*.

In vielen Kulturen begründete die Auffassung, Sex sei um der Fortpflanzung willen wichtig, ein uneingeschränktes Zugriffsrecht von Männern auf Frauen, gestützt auf Religion, Tradition und Konvention. Erst in der Moderne, in der die Fortpflanzung systematisch unterlaufen, unterbunden, abgeklemmt und operativ entfernt werden kann, kommt eine weitere Facette der Wahrheit zum Vorschein: Sex ist wichtig, um Beziehungen zusammenzuhalten. Nach dem Zerbrechen althergebrachter Normen, die Menschen aneinander binden und auch gegen ihren Willen zusammenzwingen konnten, scheint dies in vielen Fällen das

Bindemittel der Wahl zu sein, um überhaupt noch Formen des Zusammenhalts zwischen zweien zu bewerkstelligen.

Damit aber kann Sex nicht nur, wenn er zustande kommt, Beziehungen begründen, sondern auch, wenn er abhandenkommt, Beziehungen zerstören. Und das ist noch nicht alles: Wenn Sex dem Leben und Zusammenleben den entscheidenden Sinn geben muss, folgt daraus, dass ein Sexout einen Abgrund an Sinnlosigkeit aufreißen kann, der nicht mehr zu überbrücken ist. Wird dem Sex damit zu viel aufgebürdet? Gaukelt er zu viel Sinn etwa gerade dort vor, wo er gar nicht stattfindet, also in der Phantasie? Ausgerechnet bei einem Sexout plustert er sich in Gedanken mächtig auf und nimmt die Gefühle unter Feuer. Maßvollen Sinn gewährt hingegen die reale Erfahrung von Sex, sei sie befriedigend oder zuweilen etwas enttäuschend: Andere Dinge, Alltag und Arbeit beispielsweise, gewinnen dann wieder an Bedeutung.

Für das Zusammenleben von zweien kommt es nicht auf die definitive Klärung der Wahrheit an, welche auch immer es sein mag, sondern auf die provisorische *Lebenswahrheit*, also die Versuchskonstellation, die sich bewährt, da die Beteiligten gut mit ihr leben können. Experimentell finden sie einen Modus des Lebens und der Liebe, zu dem auf eine für jeden verträgliche Weise auch der Umgang mit Sex gehört. Und mit einem möglichen Sexout.

Der Rest ist *Gewöhnung*, die alles lebbar macht. Ein Kinderspiel ist die Gewöhnung an regelmäßigen Sex in einer sinnenfrohen Beziehung. Aber auch die Gewöhnung an den gelegentlichen oder länger währenden Sexout ist möglich, wenn der Betroffene sich sagen kann: Endlich Ruhe an dieser Front! Endlich Zeit, zur Besinnung zu kommen, allein oder gemeinsam andere Freuden zu genießen und der endlosen Weite der Gedanken zu folgen, ohne von aufwallenden Leidenschaften eingeengt zu werden, ohne Gefahr einer Demütigung durch sie, die so diktatorisch nach Erfüllung verlangen, und ohne Abhängigkeit von einem Anderen, der widerstrebend nachgibt oder auch nicht! Nicht nur guter Sex ist eine Wohltat, auch ein akzeptierter Sexout kann es sein. Das Leben ist reicher, als der Sex uns glauben macht.

Und wenn die Situation dennoch unbefriedigend

ist? Dann bleibt noch übrig, nicht allein in Gedanken das Weite zu suchen, sondern eine alles umstürzende Neuerung zu riskieren, eine so genannte *disruptive Innovation*. Auch Frauen sind dazu in der Lage, aber lange Zeit in der Geschichte haben vor allem Männer unter Beweis gestellt, dass man bei Nacht und Nebel einfach verschwinden kann: »Ich bin dann mal weg!« Einer wurde von den Anwälten der verlassenen Ehefrau vor Gericht gefragt, ob er denn wenigstens jetzt, nach ergangenem Scheidungsurteil, verraten könne, warum er damals von einem Moment zum anderen nicht mehr auffindbar gewesen sei. Er schüttelte den Kopf. Es gibt sie eben, die Situationen, in denen ein radikaler Bruch, der den verschlossenen Horizont öffnet, die letzte Möglichkeit zu sein scheint. Aus der anderen Perspektive sieht die Welt ganz anders aus, und es zeigt sich: Die Welt ist voll von Welten, in denen sich Gelegenheiten für Neuanfänge bieten. Mit einem Mal gerät wieder in den Blick, wovon eingangs die Rede war: Dass es wichtigere Probleme als einen Sexout gibt. Überall auf dem Planeten leben Menschen mit Problemen, für die sie Beistand brauchen.

Also herunter vom Sofa, hinaus in die Welt, sonst droht eine Entwicklung wie in Japan, wo *Hikikomori*, das Sich-Verstecken, Sich-Einschließen im frühen 21. Jahrhundert zum Begriff geworden ist, insbesondere für junge Menschen, die auf nichts mehr neugierig sind, erst recht nicht auf Beziehungen, die auch mal schwierig werden könnten. Lieber die Langeweile der Gewissheit als die Spannung der Ungewissheit ertragen. Lieber komfortabel müde sein, als die Anstrengung auf sich zu nehmen, sich nach jemandem und etwas zu sehnen. Die Apathie gilt allerdings nur der Außenwelt, in der Innenwelt des Internet entfaltet sich sehr viel Passion bei Computerspielen, allein oder mit Anderen, auch bei Dates mit *Nene*, der Frau im beliebten Spiel *Rabu Purasu* (*LovePlus*). Ohne die Unwägbarkeiten realer Begegnungen mit Anderen bleibt freilich nur noch eine Gegenwart, die zum Punkt schrumpft, anstelle einer Zukunft, die sich ins Unbekannte öffnet. Dann vergeht trotz allem die Zeit, bis irgendwann der Tod vereinsamter alter Menschen, *Kodokushi*, gestorben werden muss.

Wer im westlichen Kulturkreis nach einem dritten

Weg über Sexhysterie und Sexout hinaus sucht, könnte sich noch einmal mit *Sisyphos* befassen, der von alters her in der Landschaft des Begehrens am Werk ist. Die Urerfahrung des Auf und Ab in den triebhaften Begegnungen hat in diesem antiken Mythos ihren bildhaften Ausdruck gefunden: Sich von der urwüchsigen Kraft des Begehrens auf die Spitze treiben zu lassen, das vorgestellte Ideal hochzuwuchten, dessen Realisierung auf dem Gipfelpunkt des Begehrens vermutet wird, um dort festzustellen, dass es allenfalls für einen Augenblick zu verwirklichen, nicht aber auf Dauer festzuhalten ist, da es der Schwerkraft folgend von dort wieder hinabkullert. Schließlich also selbst wieder in die Niederungen des nichtidealen Alltags abzusteigen, mit dem kläglichen Rest des Triebs ganz unten wieder anzufangen und von Neuem mühsam aufzusteigen.

Und warum nicht gleich unten bleiben? Auch dort gibt es schließlich viel zu erleben. Oder aber den Stein auf halber Höhe zu parken und angeregt zu verweilen, mit herrlichem Blick nach unten ins Tal wie nach oben auf den Gipfel, *ein Leben und Lieben auf halber Höhe*. Es könnte schöner sein als die ewige Schinderei des Hinauf und Hinab. Abzulassen also vom Sisyphos-Sex der großen Gipfelstürmerei, um sich mit kleineren Auf- und Abstiegen zu begnügen und sich zwischendurch anderen Mühen und Genüssen zu widmen. Auf halber Wegstrecke sind auch viele Probleme, nicht nur die sexuellen, lebenspraktisch zu lösen, vielleicht nicht zur völligen Zufriedenheit, aber auch nicht zur völligen Unzufriedenheit der Beteiligten. Gerade die Abkehr von Sisyphos kann man sich gut als ein sinnerfülltes Leben vorstellen.

# Zum Autor

Wilhelm Schmid, geboren 1953 in Billenhausen (Bayerisch-Schwaben), lebt als freier Philosoph in Berlin und lehrt Philosophie als außerplanmäßiger Professor an der Universität Erfurt. Seine umfangreiche Vortragstätigkeit führt ihn seit 2010 auch nach China. 2012 wurde ihm der deutsche Meckatzer-Philosophiepreis für besondere Verdienste bei der Vermittlung von Philosophie verliehen, 2013 der schweizerische Egnér-Preis für sein bisheriges Werk zur Lebenskunst. Viele Jahre war er regelmäßig als Gastdozent in Riga/Lettland und Tiflis/Georgien sowie als philosophischer Seelsorger an einem Krankenhaus in der Nähe von Zürich/Schweiz tätig.
Homepage www.lebenskunstphilosophie.de
Twitter @lebenskunstphil

Buchpublikationen:
*Vom Glück der Freundschaft*, 2014, Insel Verlag.
*Gelassenheit. Was wir gewinnen, wenn wir älter werden*, 2014, Insel Verlag.

*Dem Leben Sinn geben. Von der Lebenskunst im Umgang mit Anderen und der Welt*, 2013, Suhrkamp Taschenbuch.

*Unglücklich sein. Eine Ermutigung*, 2012, Insel Verlag.

*Liebe. Warum sie so schwierig ist und wie sie dennoch gelingt*, 2011, Insel Verlag.

*Die Liebe atmen lassen. Von der Lebenskunst im Umgang mit Anderen*, 2013, Suhrkamp Taschenbuch. Ursprünglich unter dem Titel: *Die Liebe neu erfinden*, 2010, Suhrkamp Verlag.

*Ökologische Lebenskunst. Was jeder Einzelne für das Leben auf dem Planeten tun kann*, 2008, Suhrkamp Taschenbuch.

*Glück. Alles, was Sie darüber wissen müssen, und warum es nicht das Wichtigste im Leben ist*, 2007, Insel Verlag.

*Die Fülle des Lebens. 100 Fragmente des Glücks*, 2006, Insel Taschenbuch.

*Die Kunst der Balance. 100 Facetten der Lebenskunst*, 2005, Insel Taschenbuch.

*Mit sich selbst befreundet sein. Von der Lebenskunst im Umgang mit sich selbst*, 2004, Suhrkamp Taschenbuch.

*Schönes Leben? Einführung in die Lebenskunst*, 2000, Suhrkamp Taschenbuch.

*Philosophie der Lebenskunst – Eine Grundlegung*, 1998, Suhrkamp Taschenbuch Wissenschaft.

*Was geht uns Deutschland an? Ein Essay*, 1993, Edition Suhrkamp.

*Auf der Suche nach einer neuen Lebenskunst*, 1991, Suhrkamp Taschenbuch Wissenschaft.

*Die Geburt der Philosophie im Garten der Lüste*, 1987, Suhrkamp Taschenbuch.

# Abbildungsnachweise

Die Bildauswahl nahm der Autor selbst vor.

Weitere Nachweise über das Bildarchiv des Insel Verlags.